2024 시험대비

김태윤
필다나
간호관리
압축노트

김태윤

머리말

"차원이 다른 노하우를 전수한다"
김태윤 간호관리

본 교재는 간호직 공무원 시험을 준비하는 수험생분들을 위해 만들어졌습니다.

이 책은 기 출간된 맥BOOK으로 공부해 온 여러분들이 직접 빈칸을 채워가면서 이해-인출-암기의 과정을 반복할 수 있도록 준비된 교재입니다. 특히 간호직 공무원 시험에서 높은 비중을 차지하는 영역들에 대한 논리적 흐름을 따라 정리해갈 수 있도록 구성되었습니다.

01 간호관리의 전 영역을 단원별로 구성하여 효율적으로 정리할 수 있도록 하였습니다.

02 중요도를 표시하여 강조하였고, 핵심키워드와 주의해야할 부분들을 빈칸으로 처리하여 직접 채워가며 효과적으로 공부할 수 있도록 하였습니다.

03 기본서인 간호관리 단권화 맥 BOOK의 내용과 기출지문 및 기출문제를 압축적으로 구성-제시하여 빠르게 회독할 수 있도록 하였습니다.

본 교재가 선생님들의 합격에 조금이라도 도움이 되기를 간절히 바라며...

선생님들의 합격을 응원합니다.

2023년 11월 19일

저자 김태윤

출제경향

1. 출제경향

공무원 간호직의 시험과목인 간호관리에 대해 2023 지방직 간호관리 출제비중을 예시적으로 분석해 보았습니다.

영역구분	출제내용	문항수	비율
간호관리의 이해	행태과학론, 길리스 간호관리 체계모형	2	10%
관리이론			
간호 마케팅과 정보	데이터 마이닝	1	5%
기획	목표관리, 간호관리료, 신포괄수가제, 관리적 의사결정	4	20%
조직	변혁적 리더십	1	5%
인사	직무설계(직무확대), 직무급 임금결정요인, 면접방법, 간호인력산정-산업공학적 방법, 갈등관리 유형(킬만)	5	25%
지휘/통제	균형성과표(BSC), 6시그마 기법, 환자안전사고 보고시스템	3	15%
간호관리의 실제	마약류 관리에 관한 법률, 의료관련 감염 예방	2	10%
간호윤리와 법	의료법 시행규칙-간호·간병통합서비스, 의료법상 설명의무	2	10%
합계		20	100%

2023년 지방직 간호관리의 문제는 간호관리개론으로 분류할 수 있는 간호관리의 이해, 관리이론에서 10%, 간호마케팅과 정보 5%, 기획-조직-인사-지휘/통제(관리과정) 총 65%, 간호관리의 실제/법과 윤리에서 20%가 출제된 것으로 분석됩니다. 가장 최근의 출제경향을 확인하며 전체 영역을 조망해보고 학습의 초점을 잡는 것이 가장 현명한 전략이라고 하겠습니다.

2. 영역별 학습방법

간호관리는 크게 3파트로 간호관리개론, 관리과정, 간호관련 법과 윤리로 구성되며 총론은 간호관리 개론, 관리이론, 간호서비스 마케팅과 정보의 내용이고, 관리과정, 즉 기획-조직-인사-리더십/동기부여-통제, 그리고 간호관련 법과 윤리로 구분됩니다. 위의 출제비중에서 보는 바와 같이 특정 영역에 대한 학습만으로는 고득점하기 어려울 것이 예상되는바 전 영역을 고르게 학습하는 전략이 단순해보이지만 가장 효율적이고, 효과적인 방법이며, 최고의 전략이라고 봅니다. 그러기 위해서 우선적으로 간호관리학 전체적 틀을 간결하게 익히고, 각 영역을 구체적으로 심화학습해가는 접근이 가장 합리적이라고 봅니다. 마인드맵을 통해 전체를 익히고 영역별로 내용을 이어서 익혀간 후 이후 진행되는 기출문맥과 동형문맥 등을 통해 회독의 효율을 높여가길 권해드립니다.

목차

제1장 간호관리의 이해

- Pretest OX 퀴즈 — 10
- 01 간호와 관리의 이해 — 12
- 02 간호관리 과정 — 13
- 03 행정과 관리 — 14
- 04 간호관리 특성 — 15
- 기출문제 확인하기 — 16

제2장 관리이론

- Pretest OX 퀴즈 — 18
- 01 고전적 관리이론 — 19
- 02 신고전적 관리이론 — 21
- 03 현대적 관리이론 — 22
- 04 이론적 모형 — 23
- 기출문제 확인하기 — 24

제3장 간호서비스 마케팅과 정보시스템

- Pretest OX 퀴즈 — 26
- 01 간호/보건의료서비스 마케팅 — 28
- 02 간호와 정보 — 30
- 기출문제 확인하기 — 32

CONTENTS

제4장 기획

Pretest OX 퀴즈	34
01 기획의 이해	36
02 목표관리	46
03 의사결정	48
04 시간관리	52
05 재무관리	53
06 간호관리료 차등제	58
기출문제 확인하기	59

제5장 조직

Pretest OX 퀴즈	62
01 조직과 조직화	64
02 조직 및 조직구조	66
03 조직구조 유형	68
04 조직문화	72
기출문제 확인하기	75

목차

제6장 인사관리-인적자원관리

- Pretest OX 퀴즈 … 78
- 01 인적자원관리 이해 … 80
- 02 직무관리 … 81
- 03 확보관리 … 84
- 04 개발관리 … 87
- 05 유지관리 … 88
- 기출문제 확인하기 … 89

제7장 리더십과 동기부여

- Pretest OX 퀴즈 … 92
- 01 리더십이론 … 94
- 02 동기부여 이론 … 101
- 기출문제 확인하기 … 104

제8장 통제

- Pretest OX 퀴즈 … 108
- 01 통제의 이해 … 110
- 02 의료서비스 질 관리 … 112
- 03 의료기관 인증제도 … 120
- 04 환자안전 … 123
- 기출문제 확인하기 … 133

제9장 간호관리의 실제

- Pretest OX 퀴즈 — 136
- 01 간호단위의 이해 — 138
- 02 환경관리 — 139
- 03 안전관리 — 141
- 04 감염관리 — 144
- 05 물품관리 — 146
- 06 약품관리 — 147
- 07 환자관리 — 150
- 08 기록 및 보고 관리 — 152
- 기출문제 확인하기 — 155

제10장 간호관련 법과 윤리

- Pretest OX 퀴즈 — 157
- 01 간호와 법 — 158
- 02 간호와 윤리 — 159
- 기출문제 확인하기 — 161

간호관리학

- 제 1 장　간호관리의 이해
- 제 2 장　관리이론
- 제 3 장　간호서비스 마케팅과 정보시스템
- 제 4 장　기획
- 제 5 장　조직
- 제 6 장　인사관리-인적자원관리
- 제 7 장　리더십과 동기부여
- 제 8 장　통제
- 제 9 장　간호관리의 실제
- 제10장　간호관련 법과 윤리

제1장 간호관리의 이해

PRETEST OX퀴즈

1 간호관리체계 모형에서 간호사의 만족도, 응급실 재방문율, 환자의 욕창발생률 등을 포함하는 것은 변환 과정이라고 볼 수 있다. [2020]   O X

2 기획은 실제 업무성과가 계획된 목표나 기준에 일치하는 지를 확인하는 것이다. [2020]   O X

3 간호사의 인력의 수는 간호관리 체계모형의 투입요소로 볼 수 있다. [2019]   O X

4 간호업무성과에 있어 적은 인력과 물자를 투입해서 더 많은 산출을 얻었을 때 효과적이라고할 수 있다. [2005]   O X

5 최고관리자가 환경변화를 예측해서 장·단기 계획을 수립할 때 많이 사용하는 기술은 관계적 기술이다.   O X

6 민츠버그의 관리자 역할 중 정보적 역할의 하위 범주에는 대표자, 지도자, 섭외자가 있다. [2008]   O X

7 백내장 수술 진료비를 행위별 수가제가 아닌 포괄수가제로 지불한 결과 진료비용이 감소하였고, 수술 결과에는 큰 차이가 없었다. 이와 같이 비용과 결과를 비교한 결과 판단할 수 있는 것은 형평성에 대한 평가라고 할 수 있다. [2016]   O X

8 관리자의 역할 중 상관, 부하직원과 함께 일할 뿐만 아니라 타 부서나 외부인과 교류를 관리하는 역할은 섭외자의 역할이다. [2012]   O X

9 인간관계론을 주장한 매리너-토미는 기획-조직-인사-지휘-통제의 관리과정을 주장하였다. [2013]   O X

10 카츠의 관리기술에서 인간적 기술은 최고관리자가 상황의 변화를 예측하며 장, 단기 계획을 수립할 때 가장 많이 활용하는 기술이다.   O X

정답 및 해설

1 × 간호관리체계모형에서 만족도, 질병발생률 등을 다루는 것은 산출이다.
2 × 설명은 기획이 아니라 간호관리과정 중 통제기능에 대한 설명이다.
3 ○ 이외에 환자의 재원일수, 이직률, 환자의 만족도 등은 산출요소로 설명된다.
4 × 효과적이 아니라 효율적이다.
5 × 지문에서 '많이 사용되는 기술'은 관계적인 기술이 아니라 개념적인 기술이다.
6 × 민츠버그의 관리자 역할은 크게 대인관계역할, 정보적 역할, 의사결정자 역할로 구분되고, 지문에서 제시된 것은 대인관계 역할이다. 정보적 역할에는 모니터, 전달자, 대변인이 있고, 의사결정자 역할에는 기업가, 고충처리자, 자원배분자, 협상자가 있다.
7 × 효율성에 대한 평가이다.
8 ○
9 ○
10 × 개념적 기술에 대한 설명이다. 인간적 기술은 관리자가 구성원에 대해 리더십을 발휘하고 동기부여를 하여 함께 일할 수 있는 능력이다.

01 간호와 관리의 이해

(1) **관리의 정의**
   ① 조직의 목표를 설정하고 합리적이고 체계적인 수행방법으로 달성해가는 과정
   ② 조직의 목적 달성 위해 개인과 조직이 자원을 활용하여 함께 일하는 과정이다.
   ③ 조직의 목적을 이루기 위해 인적·물적·정보적·재정적 자원을 활용, 기획, 조직, 인사관리, 지휘, 통제하는 과정으로 이해함

(2) **관리의 특성**
   ① 4P 관리의 구성요소로 설명
   ② 장소(Place), 사람(Person), 목적(Purpose), 과정(process)
      ㉠ 관리는 조직 내에서 이루어진다.
      ㉡ 인적 자원을 중요하게 여긴다.
      ㉢ 조직의 목표를 추구한다.
      ㉣ 일련의 과정인 동시에 기능이다.
   ③ 목표달성을 위한 자원의 기술적 활용을 요구한다.
   ④ 공적인 환경 가운데 이루어지는 집단적인 노력이다.
   ⑤ 조직의 목표 달성을 위한 효율적 접근이다.

(3) **행정의 정의/구성요소**
   ① 조직의 공동목표를 달성하기 위해 합리적이고 체계적인 수행방법을 사용하는 일련의 과정
   ② 행정의 구성요소: 사람(Person), 목적(Purpose), 장소(Place), 과정(Process)

02 간호관리 과정

(1) 관리과정
① 기획: 무엇을, 누가, 언제, 어디서 어떻게 할 것인지 사전에 방향을 결정하는 것이다.
② 조직: 인적, 물적 자원을 적절히 배분하고, 업무활동을 조정하는 것이다.
③ 인사(인적자원관리): 조직이 요구하는 인적자원을 모집하고, 유지, 개발하여 활용하는 과정이다.
④ 지휘: 조직의 목표달성을 위한 리더십과 인적자원에 대한 동기부여를 포함한다.
⑤ 통제: 업무성과나 결과의 표준을 설정하고 목표와의 비교를 통해서 업무성과를 향상시키기 위한 계획을 정하는 것으로 간호표준의 설정, 성과의 측정, 교정활동, 질관리, 재무감사 등이 포함된다.

(2) 관리(경영)의 원리
① 효과성: 조직 목적이 달성되는 정도를 측정하는 개념
② 효율성: 투입에 대한 산출의 비율로 정의됨
③ 생산성: 산출과 그에 상응하는 한 가지 투입요소 또는 그 이상의 투입요소와의 비로 정의됨

(3) 관리과정에 대한 견해
① 페이욜의 관리과정: 계획, 조직, 지휘, 조정, 통제
② 길리스의 관리과정: 자료수집과 계획, 조직, 인사, 지휘, 조정, 통제
③ 일반적 관리과정: 기획, 조직, 인사, 지휘, 통제

(4) 간호관리 체계에 대한 이해
① 길리스의 이론적 접근
  ㉠ 투입: 인력, 시설, 장비, 물자 등에 대한 투입, 체계의 시작
  ㉡ 과정: 관리과정으로 이해, 자료수집, 기획, 조직, 인사, 지휘, 조정, 통제
  ㉢ 산출: 결과물, 즉 환자간호, 인력개발, 연구, 서비스 등으로 이해
  ㉣ 환류(피드백): 산출이 다시 투입으로 가는 과정, 질평가, 동료 평가 등
② 간호사업의 논리적 모형
  ㉠ 논리적 모형: 보건(간호)사업을 도식적으로 표시하는 방법의 하나. 구체적으로 사업의 논리적 근거, 즉 사업의 구성요소와 구성요소들 사이의 관계를 그림으로 보여주는 모형을 말함
  ㉡ 논리적 모형의 기본 구조
    - 산출: 사업 담당자의 활동 실적을 표시하는 것, 결과는 대상자에게 나타나는 변화를 말함
    - 현황: 논리적 모형 개발의 출발점
    - 가정: 사업이 어떠한 방식으로 작동하리라 생각하는 근거임
    - 외부요인: 사업 관계자가 통제하기 힘드나 사업의 성패에 영향을 미치는 요인
  ㉢ 논리적 모형의 한계
    - 논리적 모형은 단지 사업의 기획, 실행, 평가를 돕는 틀, 사고방식, 과정일 뿐임
    - 이 모형은 윤리적 질문에 답해주지 않음

03 행정과 관리

(1) 관리와 행정의 비교

구분	관리	행정
목표	단일하고 분명한 목표 추구	복잡하고, 불분명한 목표(공익) 추구
법령제약	적다	크다
평등성	덜 강조	고도의 평등성 요구됨
권력성	정치권력과 무관	정치권력 포함, 강제성
공통점	① 목표를 달성하기 위한 수단 ② 목표 추구 위해 자원 배분시 관료제적 성격을 가짐 ③ 조직 내에서 이루어지며 인적 자원이 중요함 ④ 조직 내 의사결정과정에서 가능한 한 많은 대안 중 최선의 대안을 선택·결정하고자 하는 협동행위가 나타남	

(2) 행정 우위론
① 행정은 조직의 목표설정과 전반적인 정책의 결정 등 거시적인 활동으로 이해
② 관리는 행정의 의해 정해진 범위 내에서 정책을 실현하는 한정되고 구체적인 활동으로 이해

(3) 관리 우위론
① 관리를 조직 전체의 목적과 정책, 전략 등을 제시하는 주도적 계획 및 실행의 관점으로 이해
② 행정을 기획, 조직, 명령, 조정, 통제 행위에 관한 기능적 측면에서 이해하는 관점

04 간호관리 특성

(1) 간호관리의 필요성
    ① 간호를 조직의 관점에서 접근하는 것이다.
    ② 조직의 목표 달성을 위해 간호인적자원, 즉 간호직원이 중요하다.
    ③ 양질의 간호서비스 제공이라는 목표를 추구한다.
    ④ 서비스 제공을 위한 자원의 기술적 활용이 필요하다.

(2) 간호관리의 목표
    ① 생산성
    ② 효율성/효과성

(3) 간호관리자의 유형
    ① 최고관리자: 조직의 목표, 정책, 전략을 수립하고 간호활동을 기획, 조직, 지휘, 통제하며 이에 대한 책임을 진다.
    ② 중간관리자: 최고 관리자와 일선관리자의 가교 역할을 한다. 간호부 조직이 수립한 정책 또는 방침이 실제 행동에 옮겨지도록 지시·확인·통제하는 등의 제반활동을 수행
    ③ 일선(또는 하위)관리자: 현장에서 실제로 업무를 수행한다. 구성원의 실무적 역할 조정, 작업운영 지휘, 현장감독, 운영적 목표 결정을 담당한다.

(4) 간호관리자의 역할(민츠버그(Mintzberg))
    ① 대인관계적 역할: 대표자, 지도자, 연결자(섭외자)
    ② 정보관리 역할: 정보수집자, 전달자, 대변인
    ③ 의사결정자 역할: 기업가, 고충처리자, 자원분배자, 협상자

(5) 간호관리자의 관리기술(카츠의 관리기술)
    ① 개념적 기술
        ㉠ 조직을 전체로 보면서 조직 내에서 개인의 활동을 전체상황에 맞추어 진행하는 능력
        ㉡ 분석적 사고로 조직 내에서 개인의 활동을 조직하고 전체 상황에 적합하도록 진행해 나가는 능력이다.
        ㉢ 최고관리자가 상황의 변화를 예측하며 장, 단기 계획을 수립할 때 가장 많이 활용하는 기술이다.
    ② 인간적 기술
        ㉠ 다른 사람과 성공적으로 소통할 수 있는 또는 상호작용할 수 있는 능력
        ㉡ 관리자가 구성원에 대해 리더십을 발휘하고 동기부여를 하여 함께 일할 수 있도록 하는 능력이다.
    ③ 실무적(또는 전문적) 기술
        ㉠ 특정 업무를 수행하는데 필요한 지식, 방법, 테크닉 및 장비를 사용할 수 있는 능력을 말함
        ㉡ 낮은 관리계층일수록 더 많이 요구되는 기술로 경험과 교육, 훈련으로 습득된다.

제1장 기출문제 확인하기

제1장 간호관리의 이해

001 다음 중 간호관리의 체계모형에 있어서 투입요소로 평가되는 것은? [2019. 변형]

① 간호사의 업무만족도
② 환자의 재원일수
③ 간호사의 이직률
④ 총 간호시간

002 간호관리 체계모형에 대한 평가에서 다음의 요소가 제시되었다. 어떤 평가를 말하는가? [2020. 변형]

- 간호사 만족도
- 응급실 재방문율
- 환자의 욕창발생률
- 환자 재원일수

① 산출평가
② **투입평가**
③ 진행과정에 대한 평가
④ 조정평가

003 <보기>에서 설명하는 카츠(Katz)의 관리기술로 가장 옳은 것은? [2023. 서울]

보기
- 변화하는 보건의료체계의 현실을 받아들인다
- 조직의 사명, 비전 등을 포함한 큰 그림을 생각한다.
- 외부고객 및 내부고객의 요구를 이해한다.
- 조직의 생산성을 높이고 비용을 낮추기 위한 전략을 세운다.

① 인간적 기술
② 실무적 기술
③ 개념적 기술
④ 윤리적 기술

004 간호관리과정에 대한 설명으로 옳은 것은? [2020. 지방직]

① 기획은 실제 업무 성과가 계획된 목표나 기준에 일치하는지를 확인하는 것이다.
② 조직은 공식구조를 만들고, 적합한 간호전달체계를 결정하며 업무활동을 배치하는 것이다.
③ 지휘는 유능한 간호사를 확보하고 지속적으로 개발·유지하기 위해 적절히 보상하는 것이다.
④ 통제는 간호조직의 신념과 목표를 설정하고 목표달성을 위한 행동지침들을 결정하는 것이다.

005 성과 평가시 측정하는 생산성은 효과성과 효율성을 포함하는 포괄적 개념으로 효과성과 효율성을 모두 고려하여야 한다. 이 중 효율성에 대한 개념으로 가장 옳은 것은? [2019. 서울시]

① 효과성과 상호대체적인 개념이다.
② 목표를 최대한 달성하는 것을 지향한다.
③ 자원의 활용 정도를 평가하는 수단의 의미를 강조한다.
④ 목적의 의미를 강조하는 가치추구의 개념이다.

정답 001 ④ 002 ① 003 ② 004 ② 005 ③

제2장 관리이론

PRETEST OX퀴즈

1. 간호업무의 표준화를 설명하기 위해서 적절한 이론은 과학적 관리이론이다. [2012]　　O　X

2. 페이욜이 제시한 행정관리론에서는 방향의 다양성을 중요하게 다루었다. [2018]　　O　X

3. 관료제에서는 직원들 상호간의 인간관계를 중요하게 다룬다. [2008]　　O　X

4. 간호인력의 수는 간호관리체계모형의 투입요소에 해당하는 것으로 볼 수 있다. [2019]　　O　X

5. 현대적 관리이론에 속하는 팀제이론이나 네트워크이 조직이론, 프로세스 조직이론 등은 생산성의 향상에 주목한다. [2015]　　O　X

정답 및 해설

1. O　과학적 관리론은 조직을 업무에 따라 분업화하고 업무를 표준화하였다.
2. X　페이욜의 14개의 관리원칙에서는 분업, 권한, 규율, 명령통일, 방향의 일관성, 공동목적우선, 합당한 보상, 집권화, 계층연쇄, 질서, 공평, 고용안정, 창의성, 사기를 강조하였다.
3. X　인간관계를 중요하게 다루는 것은 신고전주의의 인간관계론이다.
4. O　간호인력의 수는 투입요소로 볼 수 있다. 환자의 재원일수, 간호사의 이직률, 환자만족도 등은 산출요소로 이해된다.
5. X　최근 이론들은 조직의 목표달성 보다는 생존 자체에 더 집중하는 것으로 본다. 비공식성, 비합리성 등 설명하기 어려운 근거와 동기를 다룬다.

01 고전적 관리이론

(1) 과학적 관리론을 바탕으로 1930년대 완성된 전통적 조직이론, 행정관리론의 입장에서 조직을 분업화, 전문화의 기계적인 체계로 이해함.

(2) **특징**
   ① 경제적 능률
   ② 합리적, 경제적 인간모형
   ③ 공식적 구조 중시, 조직관리의 원리 중시
   ④ 형식적, 미성숙한 과학성

(3) **과학적 관리론**
   ① 근로자의 효율성과 생산성을 향상시키기 위해 일에 대한 객관적이고 과학적인 연구를 강조하는 고전적 관리이론
   ② 테일러(Taylor) 등에 의해 1890년대에 시작되어 간트(Gantt) 부부에 의해 발전되었다. 테일러주의(Taylorism)이라고도 함.
   ③ 과학적 관리론은 기계적·경제적 인간관을 강조한다.
   ④ 비판: 근로자의 인간성을 경시하고, 복지에는 관심을 두지 않았다. 과업의 표준화를 위해 지나치게 최선의 방법만을 강조하였다. 표준화로 인해 나타나는 경직성으로 개인차를 고려하지 못했다.

(4) **행정관리론**
   ① 페이욜(Fayol)에 의해 주장된 이론(1930년대)으로 조직 전체적 관점에서 조직을 편성하고 관리하는 보편적 원리에 초점을 둔다.
   ② 조직의 관리기능에 주목하면서, 조직의 합리화를 추구하였다.
   ③ 행정조직의 합목적적이고 효과적인 관리원리의 발견에 관심을 두었다.
   ④ 페이욜은 관리기능을 기획, 조직, 지휘, 조정, 통제로 제시하였고, 14개 관리의 원칙을 제시하였다.
   ⑤ 페이욜의 14개 관리 원칙: 분업, 권한, 규율, 명령·통일, 방향의 일관성, 공동목적우선, 합당한 보상, 집권화, 계층연쇄, 질서, 공평, 고용안정, 창의성, 사기
   ⑥ 행정관리론은 효율적인 행정원리에 관심을 갖게 하였고, 조직관리의 전략에 관한 연구에 영향을 주었다. 또 행정의 요소(작업, 사업, 장소) 간의 체계적인 관계 설정에 대한 이해도를 높였다.

(5) **관료제 이론**
   ① 막스베버(Max Weber, 1864-1920)에 의해 주장된 이론, 공식적 구조에서 지위와 권한에 근거를 두는 리더십 스타일에 집중한다.
   ② 조직을 관리하면서 인간보다는 규칙을 강조하고, 호의보다는 능력을 더 중요시한다.
   ③ 베버의 권한 분류: 전통적 권한(전통적으로 권한이 부여된 지배자가 시민을 지배), 카리스마적 권한(특정 인물의 카리스마가 지배하는 형태), 합리적·합법적 권한(법적인 정합성에 근거하여 지배하는 형태)으로 구분
   ④ 관료제 이론의 특성: 합법적 권한을 강조하고, 과업의 분업화, 권한의 계층화, 공식적 규칙과 절차의 정형화, 개인적 특성의 배제(비개인성), 능력에 기초한 경력개발(경력중심) 등의 특성을 가진다.

⑤ 비판점
  ㉠ 인간적 요인과 비공식조직의 의의를 간과하였다.
  ㉡ 관료제의 원리와 전문화의 원리를 구분하지 못하였다.
  ㉢ 조직에 대한 폐쇄적 관점으로 적용이 어려웠다.
  ㉣ 규칙과 절차에 따른 조직의 경직성으로 인해 변화에 빠르게 대처할 수 없었다.

02 신고전적 관리이론

(1) **신고전적 조직이론**
    ① 호손실험을 계기로 발전된 인간관계론이 신고전적 조직이론의 핵심임
    ② 과학적 관리론의 한계/문제점 지적하며, 인간중심적 관점으로 등장
    ③ 특징
        ㉠ 사회적 능률을 강조, 조직의 비공식적 측면을 강조함
        ㉡ 조직의 사회적, 심리적 측면을 중시함
        ㉢ 인간주의 강조, 과학주의 < 경험주의·실증주의를 추구함
        ㉣ 내부환경과 조직의 상호관계에 주목하고 외부환경 경시

(2) **인간관계론**
    ① 메이요(1880-1949)의 호손연구로 인간관계론이 발전하게 되었다.
    ② 고전적 관리론이 근로자의 일하는 환경, 즉 물리적 환경에 초점을 둔 반면, 인간관계론은 개인, 인간관계, 리더십, 의사소통 등 직업과 관련된 사회적 환경에 중점을 두었다.
    ③ 인간관계론은 비공식 조직, 집단의 역할 및 사회적 장소의 중요성을 강조하였다.
    ④ 민주적 리더십, Y 이론적 인간관, 인간중심적 관리의 필요성을 알게 하였으며, 행태과학론의 근간이 되었다.

(3) **행동과학론**
    ① 문스터버그, 간트, 버나드와 같은 이론가들이 주장하였다.
    ② 조직과 집단 및 개인행동에 대해 다학제적 접근으로 이해하면서 조직 구성원의 행동에 있어 능률향상을 환경적 관점에서 해석하고자 함
    ③ 리더십이론, 동기부여 이론을 중심으로 발전하게 되었다.
    ④ 조직 내 인간행위에 대한 과업을 효율적으로 해결하는데 공헌하였다.

03 | 현대적 관리이론

(1) 체계이론
① 기본요소를 투입, 과정, 산출, 피드백으로 이해함
② 조직을 둘러싼 환경과 체계를 강조하고, 상호작용을 통해 에너지가 교환되는 것으로 이해한다.
③ 복잡한 조직현상을 체계론적 접근을 통해 통합적으로 이해한다.

(2) 상황이론 등 현대조직이론
① 구조나 인간보다 인간행동 및 환경을 중심으로 한 이론
② 고전적 조직이론과 신고전적 조직이론을 통합
③ 특징
  ㉠ 상황·적응적 접근임. 애드호크라시, 카오스이론, 상황이론 등
  ㉡ 개방적 환경관, 유기적·동태적 조직을 강조(불확실한 환경에 대응)
  ㉢ 가치 및 문제의 다원화, 목표와 수단을 구분하지 않음

구분	행태과학	체계이론(모형)	상황이론
내용	조직의 인간적 요소와 심리적 체계에 초점을 두고 분석하는 접근 방식	조직을 체계로 이해하며 모든 현상을 위계에 따라 구성되는 부분으로 파악하는 총체적, 통합적 접근법	조직과 환경의 변화가 지속되는 것으로 최선의 방법은 없으며, 상황적 조건에 따라 조직화의 전략도 달라진다는 이론

04 이론적 모형

(1) **아이오와 모델**
  ① 간호와 관리를 결합, 합성한 모델이다.
  ② 간호행정, 연구, 실무 및 교육을 위한 발견법(heuristic tool, 휴리스틱 도구)과 지식체 개발을 위한 틀(conceptual frame)으로 제시되었다.
  ③ 체계와 결과라는 두 영역으로 구분되며, 각각의 영역을 환자 집단수준, 조직수준 및 보건의료체계 수준의 3개 수준으로 설명한다.
  ④ 두 영역에 포함된 지식은 간호관리자의 역할과 기능에서 도출된다. 환자집단은 각각의 영역에서 중심이 되고, 각각의 영역은 조직으로 둘러싸였으며, 조직은 보건의료체계에 의해 분할된다.

(2) **간호관리중재 이론**
  ① 개념 정의: 질적인 간호를 수행하고 재정적으로 지원하기 위한 새로운 전략, 구조 또는 과정
  ② 인정: 간호사의 업무수행이나 업적을 인정하고 평가하는 수간호사의 행위
  ③ 인정의 5가지 형태: 사적이고 구두로 하는 피드백, 문서화된 표창, 공적인 표창, 성장 및 참여를 위한 기여, 보상
  ④ 간호관리중재와 임상간호중재의 비교:
    ㉠ 간호관리 중재는 간호학의 이론 개발에 기여한다.
    ㉡ 간호관리의 이론은 개념화 과정으로 중범위 이론으로 서술된다.
    ㉢ 한편 임상간호중재는 간호사가 환자를 위해 수행하는 행위로, 신생아 간호, 노인 간호 등을 말한다.

제2장 기출문제 확인하기

제2장 관리이론

001 관리이론 중 행태과학론(behavioral science theory)에 대한 설명으로 옳은 것은? [2023]

① 생산성 향상을 위해 직무 수행 활동에 과학적 원리를 적용한다.
② 조직에서의 인간 욕구와 행동 특성을 과학적 방법으로 설명한다.
③ 효과적인 조직관리를 위해 공식적인 권한 체계와 규칙을 강조한다.
④ 이상적인 조직설계에 유용한 보편적 조직운영 원칙과 관리 활동을 제시한다.

002 인간관계론에 근거하여 조직구성원을 관리하고자 할 때 적합한 활동은? [2018, 지방직]

① 간호사의 급여체계에 차별적 성과급제를 도입하여 인센티브를 제공한다.
② 일반병동에 서브스테이션(substation)을 설치하여 물리적 환경을 개선한다.
③ 간호조직의 팀워크를 향상시키기 위해 동아리 지원 제도를 도입한다.
④ 다빈도 간호행위에 대하여 병원간호실무 표준을 설정한다.

003 페이욜(Fayol)의 행정관리론에서 제시한 14가지 관리원칙 중 <보기>에 해당하는 것은? [2023, 서울]

> **보기**
> 최고 관리자에서부터 일선 조직구성원에 이르기까지 권한과 의사소통, 명령 체계가 연계되어야 한다.

① 규율의 원칙
② 질서의 원칙
③ 계층화의 원칙
④ 집권화와 분권화의 원칙

004 간호관리이론 중에서 베버의 관료제에 대한 설명으로 옳은 것은? [2017. 지방직]

① 비공식적인 조직을 활성화해야 한다.
② 근무경력에 따라 보수를 지급해야 한다.
③ 관리자는 구성원의 고용안정을 위해 노력해야 한다.
④ 지위에 따른 공적 권한과 업무 책임이 명확해야 한다.

005 A 간호사는 장기이식병동의 간호단위관리자로, 며칠 전에 실시한 '간이식의 최신지견' 보수교육을 통해 알게 된 최신 정보를 병동간호사들에게 알려주었다. 또한 간이식실의 리모델링을 위해 타병원의 사례를 벤치마킹하고 이를 도입하고자 기획하고 있다. 다음 민츠버그(H. Mintzberg, 1975)의 관리자의 역할 중 A 간호사의 역할에서 제외되는 것은? [2015. 서울시]

① 대표자
② 전달자
③ 섭외자
④ 기업가

정답 001 ② 002 ③ 003 ③ 004 ④ 005 ③

제3장 간호서비스 마케팅과 정보시스템

PRETEST OX퀴즈

1. 의료서비스 마케팅의 경우 서비스 동기보다는 이윤동기를 가지고 접근하는 마케팅활동이다. [2007] O X

2. 의료서비스의 경우 비분리성, 가변성, 소멸성 등을 특성으로 하며 이는 의료서비스를 보관할 수 없다는 것을 의미한다. [2020] O X

3. 서비스의 표준화 및 품질통제가 어려워서 서비스 표준의 설계 및 수행 그리고 서비스 맞춤화 시행이 필요한 서비스의 특징은 소멸성이다. [2019] O X

4. 마케팅 믹스의 구성요소인 4P에는 인구(People)이 포함된다. [2013] O X

5. A회사에서 새로운 제품을 개발했는데 그 전의 기존 경쟁상품과 비교, 소비자의 지각속에 자리잡은 경쟁제품이나 서비스의 위치를 결정하기까지의 과정을 시장세분화라고 한다. [2008] O X

6. 수술 후 퇴원하여 거동이 불편한 환자에게 방문간호를 제공하고, 인터넷을 활용하여 환자에게 교육을 제공하는 것은 마케팅믹스 중 '유통'에 해당한다. [2018] O X

7. 지역사회 복지관에 간호사를 파견하여 건강관리를 위한 무료특강을 실시하였다면 이는 마케팅믹스 중 가격전략에 해당한다고 본다. [2013] O X

8. 보호자 없는 병동, 라마즈 요법, 간호실명제는 마케팅전략 중 제품 전략에 해당한다. [2013] O X

9. 급성 뇌경색 환자의 일상생활 복귀를 위해 재활간호서비스를 개발하였다면 이는 가격전략에 해당한다. [2006] O X

10. 보험수가를 합리적으로 책정하였다면 이는 가격전략으로 이해할 수 있다. [2008] O X

정답 및 해설

1 ✗ 의료서비스 마케팅에서는 서비스 동기를 갖는 의료직의 특성이 있다고 본다.
2 ○ 의료서비스의 특성으로 무형성, 비분리성 또는 동시성, 이질성, 소멸성 등을 고려할 수 있다.
3 ✗ 소멸성이 아니라 이질성에 대한 설명이다.
4 ✗ 마케팅 믹스의 4P에는 제품(Product), 가격(Price), 유통(Place), 촉진(Promotion)이 있다.
5 ✗ 시장세분화가 아니라 포지셔닝에 대한 설명이다.
6 ○
7 ✗ 가격전략이 아니라 촉진전략의 예로 볼 수 있다.
8 ○
9 ✗ 제품 전략으로 볼수 있다.
10 ○

01 | 간호/보건의료서비스 마케팅

(1) 마케팅 이해
① 시장에서 발생하는 소비자의 필요와 욕구를 충족케하는 재화의 공급을 통해 기업의 생존과 성장을 달성하는 경영활동
② 코틀러(1988)의 정의: 마케팅은 교환과정을 통해 욕구와 필요를 충족시키는 인간의 활동으로 정의된다.

(2) 서비스 마케팅
① 서비스 특성
 ㉠ 무형성: 실체를 보거나 만질 수 없다는 것. 일반적 재화와 달리 형태가 없기 때문에 서비스가 주관적으로 인식되다.
 ㉡ 비분리성: 생산과 소비가 동시에 일어나는 것이다. 즉 서비스 제공자와 소비자가 분리되기 어렵고 서비스 제공자가 서비스의 한 부분이 되는 것이다.
 ㉢ 이질성: 서비스의 생성과 전달과정의 가변적 요소로 인해 서비스 제공자에 따라 서비스가 달라지는 특성이 있다.
 ㉣ 소멸성: 서비스가 보관될 수 없고 소멸되는 속성, 즉 보관해 둘 수 없는 특성이 있다. 따라서 수요에 따른 적절한 간호서비스의 공급과 수요 변화에 따른 전략이 요구된다.

(3) 의료 및 간호서비스 마케팅
① 시장기회분석
 ㉠ 환경분석
  - 인구사회학적 환경, 경쟁적 환경, 기술적 환경, 정치경제적 환경, 문화적 환경에 대한 분석이 필요하다.
  - 경쟁적 환경에 대한 분석, 즉 경쟁병원과 같은 공급자의 분석과 소비자들의 요구 변화 등에 대한 분석이 필요하다.
 ㉡ 시장세분화
  - 전체 시장을 일정한 기준에 의해 동질적 세분시장으로 구분하는 과정을 의미한다. 소비자의 선호패턴, 확산된 선호패턴, 군집화된 선호패턴 등의 분포에 따라 세분시장을 구분한다.
  - 맥도날드와 페인(McDonald & Payne, 1996)의 시장세분화는 간호고객시장, 공급업자시장, 영향자 시장, 내부시장, 리쿠르트시장, 의뢰시장으로 구분된다.
  - 카무나스(Camunas, 1986)의 시장세분화는 1차 표적고객, 2차 표적고객, 3차 표적고객으로 구분한다.
 ㉢ 표적시장 선정
  - 조직은 구분된 세분시장들 중에서 한 개 또는 다수의 세분시장을 선택하여 마케팅 역량을 집중하는 것을 말한다.
  - 유형에는 비차별적 마케팅, 차별적 마케팅, 집중적 마케팅으로 나누어 볼 수 있다. 비차별적 마케팅은 조직이 세분시장들의 차이를 무시하고 하나의 제품을 가지고 전체시장에 접근하는 방법을 말하며, 차별적 마케팅은 세분화된 시장들 중에서 각 세분시장마다 다른 제품을 가지고 접근하는 방법이다. 한편 집중적 마케팅은 하나의 세분시장에서 하나 또는 그 이상의 제품을 소

비자에게 판매하기 위한 방법으로 자원이 한정 또는 제약되어 있는 경우에 주로 사용되는 전략이다.
　ⓔ 포지셔닝
　　- 수요자들의 인식 속에서 제품이 경쟁업체의 제품과 비교하여 어느 위치를 차지하고 있는가에 대한 상대적 위치를 탐색하고 자사제품을 경쟁업체의 제품보다 소비자의 기억과 인식 속에서 우위에 있도록 하는 것을 말한다.
　　- 소비자 분석과 경쟁자의 확인, 경쟁제품의 위치 분석, 자사제품의 포지셔닝 개발, 포지셔닝의 확인 및 리포지셔닝으로 진행된다.

(4) 마케팅믹스 개발
　① 제품전략(상품)
　　㉠ 간호사에 의해 소비자에게 직접 제공되는 간호서비스 자체를 말한다.
　　㉡ 간호서비스의 질은 소비자가 간호서비스를 제공받은 후 느끼게 되는 만족도
　　㉢ 간호서비스의 양은 간호사가 제공하는 구체적 서비스의 종류와 내용이다.
　　㉣ 제품전략은 계속적인 서비스 질 평가와 질보장을 통해 간호서비스의 질과 양을 향상시키는 것이라고 할 수 있다.
　② 가격전략
　　㉠ 소비자가 서비스를 소비하거나 이용하기 위해서 지불하는 비용을 말한다
　　㉡ 양질의 간호서비스를 제공하기 위해 그 경제적 가치를 충분히 반영할 수 있는 수준으로 가격이 산정되어야 한다.
　　㉢ 새로운 서비스를 개발하고 보험수가를 적용하는 과정에서 서비스에 대한 합리적인 가격으로 조정하는 전략이 요구된다.
　③ 유통전략
　　㉠ 간호서비스가 제공되는 장소의 물리적 환경을 개선하는 것으로 고객의 접근성과 관련된 전략이다.
　　㉡ 전달체계를 개선하여 다양한 서비스가 수요자들에게 쉽게 전달될 수 있도록 하는 것이다.
　④ 촉진전략
　　㉠ 제품이 시장에 나올 때 소비자들에게 알리고 설득하며 기억하게 하는 것으로 광고, 홍보, 판매촉진이라는 용어로 사용된다.
　　㉡ 간호조직과 간호표적시장 사이에서 간호서비스와 관련된 모든 정보를 적절히 의사소통하는 것으로 이해할 수 있다.
　　㉢ 간호서비스 생산성 향상으로 소비자 및 간호직원 만족의 극대화를 추구한다.
　　㉣ 간호서비스의 가시화를 통해 대중에게 홍보하며, 공중의 매체를 활용하여 효율적으로 전달할 수 있다.

02 간호와 정보

(1) **간호정보시스템의 필요성**
   ① 필요성
      ㉠ 합리적인 인력관리와 업무 능률 증대
      ㉡ 비용절감 효과
      ㉢ 직접간호시간이 늘어나게 됨으로 간호의 질이 향상됨
      ㉣ 간호비용의 감소로 효율성이 향상될 수 있을 것으로 기대
      ㉤ 적정 간호인력의 산정 등으로 간호관리/행정의 기초데이터를 분석하는 기준으로 활용가능
   ② 기능/장점
      ㉠ 간호의 질관리가 가능하다. 간호업무의 표준화가 용이하다.
      ㉡ 표준화된 환자정보의 관리가 가능하다. 이로 인해 간호기록 및 의사소통이 향상된다.
      ㉢ 신속하고 정확한 의사소통 및 의사결정을 지원할 수 있다.
      ㉣ 간호업무의 정확성과 일관성이 향상된다.
      ㉤ 간호서비스의 모니터링과 결과 측정 평가가 가능하다. (각종 통계업무가 수월해짐)

(2) **간호정보의 표준화**
   ① 간호정보시스템 구축 및 활용을 위해서는 우선적으로 간호정보의 표준화가 중요하다.
   ② MDS(Minimum Data Set, 최소자료세트): 보건의료체계의 특정 부문이나 영역에 대해 다수의 자료를 사용하는 수요자들의 기본적 요구에 따른 통일된 정의나 분류를 가진 정보의 최소 항목과 요소를 말한다.
   ③ NMDS(Nursing Minumum Data Set, 간호최소자료세트): 최소자료세트의 개념을 간호영역에 적용하여 정리한 정보항목의 최소세트. 미국간호사협회에서는 간호최소자료세트에 간호, 진단, 중재, 결과를 포함시키고 있다.

항목 분류	구성요소(내용)
간호	• 간호진단 • 간호중재 • 간호결과 • 간호강도
환자대상자의 인적사항	• 개인적 신원 • 출생일 • 성(gender) • 종족 및 인종 • 거주지
서비스 요소	• 특정시설 또는 서비스 기관 고유번호 • 특정 환자나 대상자의 건강기록 고유번호 • 담당 간호사의 면허번호 • 입원 또는 진료일자 • 퇴원 또는 종결일자 • 환자나 대상자의 특성(최종 상태) • 주요 지불자(서비스에 대한 재정적 보증인)

(3) 시스템 활용 유용성
① 시간과 장소에 제한을 받지 않고 학습을 가능하게 한다.
② 학습과정에서 수많은 자료의 이용과 접근을 용이하게 한다.
③ 교과과정 계획과 평가를 위한 기초자료를 마련한다.
④ 교과과정과 실무의 장 사이에 직접적인 의사소통을 제공한다.
⑤ 의료기관별, 지역별, 국가별 자료를 활용하여 임상간호자료와 인적자원 자료 간의 비교가 가능하다.

제3장 기출문제 확인하기

제3장 간호서비스 마케팅과 정보시스템

001 관리자가 <보기>와 같이 마케팅 STP(Segmentation, Targeting, Positioning) **전략을 수립하던 중 한 가지 요소를 누락하였다. <보기>에서 누락된 전략에 대한 설명으로 가장 옳은 것은?** [2019, 서울시]

> **보기**
> 소비자의 욕구를 파악하기 위하여 연령, 성별과 같은 인구학적 특성과 지식, 태도, 사용 정도와 같은 행태적 특성을 고려하여 소비자 집단을 3개의 시장으로 구분하였다. 이중 고령 여성 노인으로 지식 수준이 높고 사용정도가 높을 것으로 기대되는 집단을 표적시장으로 선정하였다.

① 사회계층, 라이프 스타일, 개성과 같은 소비자의 심리 분석적 특성을 조사한다.
② 소비자에게 경쟁사와 차별화되는 이미지를 인식시키기 위한 방안을 수립한다.
③ 개별 고객을 별도의 시장으로 인식하여 표적시장을 정밀화한다.
④ 전체 시장을 대상으로 소비자의 동질적 선호패턴을 분석한다.

002 **간호서비스 마케팅에서 서비스의 특성에 따른 마케팅 전략에 대한 설명으로 가장 옳은 것은?**

[2022, 서울시]

① 무형성의 마케팅 전략은 무형적 단서를 강조하고 구매 전 의사소통에 관여한다.
② 비분리성의 마케팅 전략은 서비스 제공 시 고객이 개입하고 고객의 선발과 훈련을 강조한다.
③ 소멸성의 마케팅 전략은 수요와 공급 간의 균형과 조화를 유지하고, 비수기의 수요에 대비하는 것이 중요하다.
④ 이질성의 마케팅 전략은 서비스 제공 과정을 포괄적이고 다양화하는 것이 중요하다.

003 <보기>에서 설명하고 있는 마케팅 관리 철학은? [2023, 서울]

> **보기**
> 최근에 대두되고 있는 마케팅 관리철학으로 소비자가 생활하는 생활환경 속에서 삶의 질을 추구하는 데에 관심이 있다. 또한 조직의 이익, 소비자의 욕구충족, 대중의 이익과 복지가 균형을 이루도록 노력한다.

① 생산지향적 마케팅
② 판매지향적 마케팅
③ 고객지향적 마케팅
④ 사회지향적 마케팅

004 의료서비스 마케팅에 대한 설명으로 옳은 것은? [2020, 지방]

① 가변성은 동시성이라 불리며 생산과 소비가 동시에 이루어지는 것을 말한다.
② 소멸성은 의료서비스 저장이 불가능하여 의료서비스를 보관할 수 없음을 뜻한다.
③ 내부마케팅은 환자를 소비자로 생각하여 환자만족을 위해 필요한 환경을 제공하는 것을 가리킨다.
④ 비분리성은 이질성으로 불리며 서비스의 질이나 수준, 내용, 과정이 항상 같을 수 없음을 뜻한다.

005 <보기>의 내용에 해당되는 마케팅 믹스는? [2018, 서울시]

> **보기**
> • 수술 후 퇴원하여 거동이 불편한 환자에게 방문간호를 제공하였다.
> • 인터넷을 활용하여 환자에게 교육을 제공하였다.

① 제품
② 가격
③ 유통
④ 촉진

정답 001 ② 002 ③ 003 ④ 004 ② 005 ③

제4장 기획

PRETEST OX퀴즈

1 목표관리는 목표달성에 대한 구성원들의 몰입과 참여의욕을 증진시킨다. [2016] O X

2 목표관리는 장기목표를 강조하여 구성원의 조직비전 공유를 촉진한다. [2016] O X

3 재고관리는 정형적 의사결정에 해당한다. [2005] O X

4 병원신·증축은 정형적 의사결정에 해당한다. [2005] O X

5 초과근무에 대한 의사결정 방법 중 간호사 개개인에게 각각 하나의 아이디어를 작성하여 서면으로 집단 제출하게 하는 것은 델파이 기법이다. [2008] O X

6 창의적인 대안개발을 방해하는 일체의 압력을 극복하기 위해 비교적 단순한 기법으로 문제해결을 하기 위한 아이디어를 얻기 위해 대면하여 진행하는 집단 의사결정의 형식은 명목집단기법이다. [2012]
O X

7 환자를 그들의 중증도에 따른 간호요구량에 따라 동질적인 몇 그룹으로 분류한 후 자원소모량을 측정하여 각 분류군별로 다르게 수가를 산정하는 방법은 환자분류체계이다. [2012] O X

8 행위별수가제의 장점은 진료비 관리 운영이 편리하다는 점이다. [2015] O X

9 간호·간병서비스에서 병동입원료는 의학관리료와 간호관리료를 합한 총액이다 [2017] O X

10 점진적 예산편성방법은 전문적인 지식이 많지 않아도 가능하고 간단하며 신속하게 수행할 수 있다. [2014]
O X

정답 및 해설

1 ○ 맞는 지문이다. 목표관리의 목적이라고 볼 수 있다.
2 × 장기목표가 아닌 단기목표를 강조하는 것이 맞다.
3 ○
4 × 비정형적 의사결정에 해당한다.
5 × 델파이기법이 아니라 명목집단기법이라고 볼 수 있다.
6 × 브레인스토밍에 대한 설명이다.
7 ○
8 × 진료비 관리 운영이 복잡하고 불편하다. 환자에게 양질의 고급 의료서비스를 제공할 수 있다는 유익은 있다.
9 × 간호간병통합서비스의 병원입원료 = 입원관리료 (의학관리료+병원관리료+정책가산) + 간호간병료 (간호간병료+정책가산) *의학관리료 : 입원관리료 소정 금액의 100분의 53 *병원관리료 : 입원관리료 소정 금액의 100분의 47
10 ○

01 기획의 이해

❶ 기획의 개념

(1) 기획의 정의
① 관리과정의 첫 번째 단계이다. 조직의 목표를 설정하고, 효율적 달성을 위한 행동방안을 선택하는 것이다. 가장 효율적 달성 방법과 절차를 개발하는 과정으로 이해된다.
② 기획은 목표 지향적이고, 사전예비적인 활동이며, 심사숙고해야 하는 과정으로 이해된다. 조직 및 개인의 욕구 충족과 목표 달성을 위해
④ 조직이 지향하는 방향을 정하고 구체화하는 작업으로, 조직의 사명과 비전, 철학, 목표, 정책 등을 규정하는 과정이다.
⑤ 조직이 현재 위치에서 미래의 더 나은 지점으로 도달하도록 연결해 준다.
⑥ 의사결정과 미래를 예측하는 사고나 정신적 과정이다.
⑦ 문제를 해결하기 위한 수단이다.

(2) 목적과 필요성
① 조직의 목표달성을 위해: 조직 내 여러 부문의 활동을 통합해 조직의 공동 목표를 수행할 수 있게 해 준다.
② 내·외적 환경변화에 적절한 대처를 위해: 미래의 불확실성과 변화에 적절하게 대처할 수 있기 위해서 필요하다. 즉, 기획은 조직의 목표 달성을 위해 조직 내·외적 환경변화로부터 발생되는 불확실성과 위험을 감소시켜, 향후 조직이 더욱 능동적으로 목표 수행을 할 수 있도록 한다.
③ 자원낭비의 최소화를 위해: 조직 목표달성을 위해 최소비용으로 최대의 효과를 얻도록 함으로써 경제적인 운영을 가능하게 한다.
④ 통제활동의의 기준 설정을 위해: 조직구성원들의 성과를 평가할 수 있는 통제활동의 기준이 된다.

(3) 더글라스(Douglass, 1996) – 기획의 목적/필요성
① 기획은 미래지향적 관리를 포함한다.
② 기획은 활동보다는 결과에 초점을 두어 성공가능성을 증가시킨다.
③ 기획은 분석적 사고와 대안에 대한 평가를 중시하므로 의사결정의 질을 상승시킨다.
④ 기획은 최고관리자의 목표와 일치하는 의사결정의 개념틀(frame)을 제공한다.
⑤ 조직 구성원들의 수동적인 반응 대신 능동적인 행동을 유동한다.
⑥ 조직의 인적·물적 자원을 예측하고 통제함으로써 미래 상황에 효과적으로 대처하게 한다.
⑦ 기획은 조직이 위기를 피하도록 도와주며 의사결정의 유연성을 제공한다.
⑧ 기획은 조직원의 참여를 증대시키고 의사소통을 향상시킨다.
⑨ 기획은 조직이 변화에 대처할 수 있는 기준을 제공한다.
⑩ 제한된 자원을 효율적으로 활용하도록 하므로 비용 효과적이다.
⑪ 목표와 기준을 개발하여 통제 시 실제 성과와 차이를 비교하도록 돕는다.

(4) 기획의 유용성
   ① 조직 차원에서 기획의 유용성
      ㉠ 지휘의 수단: 자원에 대한 제한을 비록하여 여러 가지의 제약 하에서 미래의 불확실성에 대처, 변화를 추구하는 조직에서 기획은 좋은 지휘 수단이 된다.
      ㉡ 효과적 통제의 수단: 조적적 노력의 목적이 제시되고 조직 전체를 통하여 이해되면 구성원에 대한 효과적 통제가 가능해진다. 기획은 조직 목표를 결정할 뿐 아니라 업무를 명확하게 해준다.
      ㉢ 자원의 효율적 사용: 조직 내의 가용자원은 최대한 효과적으로 사용되어 비용 절감을 도모할 수 있다.
      ㉣ 업무수행능력의 강화: 업무수행의 성과를 증진시키는 새로운 방안을 찾고, 의사전달을 촉진하기 때문에 역량을 증가시킨다.
      ㉤ 미래에 대한 대비: 향후 발생가능성이 높은 사태에 대처 하는 전략을 준비한다는 장점이 있다.
   ② 개인차원에서의 기획의 유용성
      ㉠ 자신감이 늘어나고 일에 대한 의욕이 증가한다.
      ㉡ 시야가 넓어지고 문제의식을 키울 수 있다.
      ㉢ 기본적인 업무능력을 강화할 수 있다.
      ㉣ 결과적으로 자아실현의 수단이라고 할 수 있다.
   ③ 공공서비스 분야에서 기획의 유용성
      ㉠ 사업수행에 필요한 적절한 자원을 투입하면 계획된 활동을 수행할 수 있다.
      ㉡ 계획된 활동을 수행하게 되면 의도된 산출물을 생산, 제공할 수 있다.
      ㉢ 목적한 결과를 달성할 수 있다. 즉 공공의 보건사업이 올바른 목표를 설정하는 과정, 올바른 사업 방법을 선정할 수 있도록 돕고, 사업 평가를 통해 관계자들의 의욕을 향상하는데 기여할 수 있다.

2 기획의 특성과 한계

(1) 특성
   ① 합리적 의사결정 과정: 기획은 여러 대안 가운데 최선의 대안을 선택하는 합리적 의사결정 과정이다.
   ② 연속적이며 지속적인 의사결정 과정: 기획은 고정불변의 형태가 아닌 변화하는 환경에 대응하는 지속적인 의사결정 과정이다.
   ③ 동적 개념: 기획(planning)은 동적 개념이며, 기획의 결과(plan)는 정적 개념이다.
   ④ 목표지향적 활동: 기획은 조직의 목표를 달성하고자 한다. 즉, 기획은 이미 수립된 목표를 달성하기 위해 더욱 구체적인 방법을 제시하는 활동이다. 모호하고 추상적인 것이 아니라 구체적인 목표를 정하고 달성하기 위한 활동이다.
   ⑤ 미래지향적 활동: 기획은 앞으로 일어날 미래의 일들을 예측하고 상황을 분석하여 바람직한 상태로 전개시키기 위한 활동이다.
   ⑥ 결정의 준비과정: 결정을 위한 준비과정으로 준비 후 실행하는 집행과는 구분된다.
   ⑦ 행동지향적 과정: 기획이란 본질적으로 집행을 전제로 하는 의사결정과정이다. 단순한 연구와 지적 호기심의 탐구와는 구분된다.

(2) 스완버그(Russell C. Swanburg, 1993) - 기획의 특성
   ① 기획은 의사결정을 요구한다. 목표달성을 위한 여러 가지 선택사항 가운데 가장 바람직한 행동 방향을 선택할 수 있다.

② 기획은 포괄적이다. 다원적이고 복잡한 조직목적을 종합적으로 살피면서 조화와 균형감각을 가지고 능률적으로 실현하기 위해서는 기획은 광범위해야 한다.
③ 기획은 개방체계의 특성을 지닌다. 이는 조직이 미래지향적이고 성장과 변화를 추구하는 변화지향적으로 나아갈 기초를 제공한다.
④ 기획은 방향성, 응집력, 추진력을 제공하는 중요한 요소이다. 이를 통해서 조직구성원들이 목표를 향해 행동하도록 동기를 유발시킨다.

(3) 기획의 한계
① 수립상의 제약: 목표간의 갈등, 미래예측의 곤란성, 정보와 자료의 부족 및 부정확성, 시간·비용, 기획의 그레샴 법칙, 창의력 부족 등을 고려할 수 있다.
② 집행상의 제약: 이해관계자의 저항, 경직화 경향과 수정의 곤란함, 수정의 불가피성, 반복적 사용의 제한, 자원 배분의 비효율성 등
③ 행정적 제약요인: 담당자의 능력 부족, 경험의 부족, 자원의 부족, 기획인력 충원의 어려움, 행정 절차의 복잡성 등

3 기획의 원칙

(1) 목적 부합의 원칙(합목적성의 원칙)
① 기획은 조직의 목표를 성취하기 위한 과정이므로 반드시 목적의식이 있어야 한다.
② 간호조직의 공동목적을 달성할 수 있도록 계획안을 작성해야 한다.
③ 막연한 목적 하에서는 막연한 기획이 될 수밖에 없으며, 이러한 기획을 수행할 경우 업무의 능률성이 저하되고 자원낭비를 초래한다. 이러한 현상을 방지하기 위해 조직의 목적을 명확하고 구체적으로 기술할 필요가 있다.
④ 비능률을 회피하고 효과성을 향상시키기 위해서는 목적이 분명하고 구체적이어야 할 것이다.

(2) 단순성의 원칙(간결성)
① 간결하고 명료하게 표현되어야 한다.
② 계획서(안)의 작성 과정(또는 문서화)에서 미사여구나 수식어 사용이 불필요하다.
③ 이해하기 쉽도록 복잡한 용어를 피하고 평이하게 작성되어야 한다.

(3) 탄력성(융통성)의 원칙
① 상황 변화에 대처하고, 조직이 창의력을 충분히 발휘하여 대응할 수 있도록 탄력성을 지녀야 한다.
② 기획이 수립되는 시점 뿐 아니라 유동적인 상황과 환경에 대해 탄력적으로 수정적용될 수 있어야 한다.

(4) 안정성의 원칙
① 기획의 안정성은 수립된 정보의 질과 양 및 예측기술의 정확성에 달려 있으므로 이러한 측면을 강화하면 기획의 안정성이 높아질 수 있다.
② 안정성이 높은 기획일수록 더욱 효과적으로 경제적이다.

(5) 장래예측의 원칙
① 기획하는 사람의 주관이 개입되지 않도록 객관적이고 정확한 정보를 바탕으로 예측되어야 한다.
② 외부환경의 여러 가지 변화와 불확실성을 정확하게 예측하고 대처할 수 있도록 해야 한다.

(6) 포괄성의 원칙
   ① 기획에 필요한 제반요소들이 빠짐없이 포함되어야 한다.
   ② 계획안의 수행단계에서 인적자원, 물자, 설비, 예산의 부족 등으로 인해 차질이 생기지 않도록 포괄적인 영역의 사전검사가 이루어져야 한다.

(7) 균형성의 원칙
   ① 어떠한 기획이든 그와 관련된 다른 기획 및 업무 사이에 적절한 균형과 조화가 이루어져야 한다.
   ② 목표와 소요자원, 중요 제반요소 간의 상호균형과 조화가 이루어지는 균형성을 고려하여 기획해야 한다.

(8) 경제성의 원칙
   ① 기획에 소요되는 자원을 비용 효과적으로 활용하도록 한다.
   ② 현재 사용 가능한 자원을 최대한 활용하고 새로운 자원의 활용은 최소화한다.
   ③ 최소의 비용으로 최대의 효과를 달성할 수 있는 기획이 되어야 한다. 효율성의 원칙이라고 할 수 있다.

(9) 필요성의 원칙
   ① 기획은 정당한 이유에 근거한 필요성이 있어야 한다.
   ② 기획수립 및 과정에 이르기까지 불필요한 기획이거나 필요하더라도 비용이 너무 많이 드는 기획은 수립하지 말아야 한다.

(10) 계층화의 원칙
   ① 기획은 일반적이고 추상성이 높은 것부터 시작하여 구체화 과정을 통해 연차적으로 기획을 파생시킨다.
   ② 상위수준의 기획에서 시작하여 순차적으로 여러 개의 하위수준의 기획으로 파생되도록 한다.
   ③ 계획안을 작성할 때 가장 큰 것부터 시작하여 구체화 과정을 통해 연차적으로 파생시켜야 한다.
   ④ 조직계층에 걸쳐 목표·수단을 연쇄관계에 따라 기획이 구체화되어야 한다는 원칙이다.

(11) 일반성의 원칙
   ① 기획은 어느 특수한 관리계층만의 독특한 기능이 아니고 모든 관리계층의 기능이기 때문에 일반성을 갖는다고 할 수 있다.

4 기획의 계층화

(1) 계층화의 이해
   ① 기획은 목표를 설정, 이를 달성하기 위한 수단과 방법을 계획적으로 수립하는 과정이다. 따라서, 기획은 사명(목적), 철학, 목표(일반적-구체적 목표), 정책, 절차, 규칙으로 계층화하여야 한다.
   ② 기획은 조직이 앞으로 나아갈 비전을 통해 조직목적을 세우며, 목적에 따라 구체적인 목표가 설정되며, 그 목표를 달성하는 데 필요한 정책, 절차, 규칙을 세움으로써 조직의 일체성을 강조하여 조직이 원하는 목적을 달성하도록 유도한다.
   ③ 간호조직에서도 목적, 철학, 목표, 정책, 절차, 규칙 등의 계층화는 대상자에게 바람직한 간호를 제공하기 위한 조직의 기틀을 제공하는 역할을 한다.

(2) 비전(꿈)(vision)
   ① 정의: 조직의 바람직한 미래상으로 조직의 성장목표와 사업활동 영역이 명시되어 있는 것이다. 비전을 수립하여 조직이 변화하려는 방향을 한방향으로 통일시킬 수 있다.
   ② 비전을 설정하기 위해서는 CAR 원칙(믿음(credible), 매력(attractive), 현실성(realistic))을 고려해야 한다.
      ㉠ 미래지향적, 목적지향적 진술문으로 표현된다.
      ㉡ 간단하고 명료한 한두 개의 문구나 문장으로 기술된다.
      ㉢ 건강 소비자인 대상자가 중심이다.

(3) 목적(purpose) 및 사명(mission)
   ① 조직의 목적 및 사명은 조직의 존재이유와 목적에 대한 공식적인 표현이라고 할 수 있다.
   ② 목적과 사명 진술문은 기획의 상부계층에 위치하며, 철학과 목표의 지표가 된다.
   ③ 조직의 목적을 설정하는 것은 기획의 첫 번째 순서이다. 이 목적 및 사명은 간호조직의 존재 이유인데, 일반적인 간호조직의 존재이유는 대상자에게 질적 간호를 제공하기 위함이다.
   ④ 간호부의 사명 및 목적은 병원의 사명 및 목적과 일치한다.
   ⑤ 간호부의 목적으로는 양질의 간호제공, 교육 및 연구, 지역사회 참여와 기여, 국민보건증진 등이 제시된다.

(4) 철학(philosophy)
   ① 조직 목적 성취를 위해 구성원들을 움직이게 할 신념과 가치체계를 진술한 것이다.
   ② 조직의 모든 활동을 가이드 하는 가치와 신념체계를 서술한 것이다.
   ③ 조직경영의 의사결정 과정에서 우선적으로 강조되는 가치와 기준이며, 조직구성원의 신조가 되고 함께 공유해야 할 가치와 신념체계이다.

(5) 목표(goals and objectives)
   ① 목적은 기획이 지향하는 도달점을 개념적으로 표현한 것이고, 이 목적에 대한 기대효과를 구체적 수치로 표현한 것이 목표이다.
   ② 목표는 조직이 활동을 통해 달성하고자 하는 성과를 구체적인 수치로 표현한 것으로, 목적이 성취된 결과를 측정하고 평가할 수 있도록 한다.
   ③ 목표는 조직이 업무를 수행하는 최종지점이며 조직의 비전을 실현하고 목적 및 사명, 철학을 실천하기 위한 구체적인 행동지침이다.
   ④ 목적과 목표의 비교

목적(purpose)	목표(goals and objectives)
• 정신적·철학적	• 구체적
• 장기적	• 단기적
• 조직 전체가 지향하는 것	• 여러 수준에서 지향하는 것
• 거의 변경되지 않는다.	• 몇 번이고 재설정된다.
• 목적설정만 해서는 관리가 되지 않는다.	• 목표 설정으로 관리대상이 된다.
• 도달해야 할 과녁을 보는 것이다.	• 이루어야 할, 도달해야 할 과녁이 구체적이고 다양한 지표를 달성하는 것이다.

5 정책과 절차, 계획안

(1) **정책(policies)**
① 목표 달성을 위한 지침과 수단이다.
② 조직의 업무통제를 도와주며 일관성 있는 관리를 가능하게 한다.
③ 정책은 활동을 위한 범위나 허용 수준을 정하고 그에 따르는 행동방침을 정하는 과정이다.
④ 정책은 조직의 의사결정시 조직을 안내하는 지침 또는 진술문으로 함축적인 계획안이다.
⑤ 목표는 정책을 통해 표현될 수 있고, 정책을 목표를 성취하도록 돕기 위해 사용될 수 있다.
⑥ 정책을 수립함으로써 행위의 지속성과 안정성을 증진하며, 조직의 갈등을 방지하고 공평성을 증진할 수 있다.
⑦ 정기적으로 검토, 수정, 보완을 해야 한다.
⑧ 표준(standard)을 설정함으로써 시간을 비축하고 정책 시행을 발달시킬 수 있다.

(2) **절차(procedures)**
① 조직의 목표 달성을 하는데 있어서 활용되는 정확하고 구체적인 단계를 기술하여 특정 업무의 관계나 방법을 제시하는 것
② 구조화된 문제를 처리하는 일련의 상호 관련된 시차적 단계이다.
③ 요구되는 행동의 시행순서를 기술한다.

(3) **규칙과 규정**
① 특정 상황에서 해야 하는 것과 금지되는 것을 알려주는 지침
② 재량이 없는 규칙
③ 특별한 상황과 관련하여 수행되어야 할 구체적이고 명확한 행동을 요구한다.

(4) **계획안**
① 기획의 산물로서 미래 예측의 도구가 됨.
② 목표 달성을 위한 활동과 절차를 구체적으로 진술한다.
③ 계획안에 포함되어야 할 요소
  ㉠ 사업목적과 목표에 맞는 예상되는 결과를 예견해서 포함시켜야 한다.
  ㉡ 목적과 목표달성에 이용되는 정책, 프로그램, 절차, 규칙 등의 수단이 포함되어야 한다.
  ㉢ 활동에 필요한 자원의 종류와 양을 포함시킨다.
  ㉣ 계획안을 수행하기 위한 의사결정의 절차와 방법을 명시하여야 한다.
  ㉤ 계속적으로 계획안을 보완하기 위한 조정절차를 포함시켜야 한다.

6 기획의 과정

(1) **기획의 일반적 과정**
기획수립을 위한 합리적인 절차로서 기획과정은 학자마다 다소 견해가 다르다. 기획의 과정에서 중요한 것은 최적의 대안모색 및 기획과정의 합리적인 관리 및 운영이다.
① 일반적으로 '기본전제 → 예측 → 목표설정 → 재설정 및 행동계획'이 전개로 제시된다.
② 문제의식 → 목표설정 → 미래환경에 대한 예측과 가정설정 → 대안탐색과 평가 → 기본적인 기획과 관련된 파생기획 수립 → 예산편성

③ 조직의 비전설정 → 목표설정 → 환경요소의 예측 → 조직 내의 가용자원 평가 → 수행가능한 대안 개발 → 기획의 선택 → 기획의 실행 → 평가와 수정

(2) 기획의 구체적 과정
① 목표설정(목표의 구체화)
  ㉠ 인력, 시설, 설비, 기술, 조직 등 능력의 범위 내에서 목표를 설정한다.
  ㉡ 가용예산을 감안하고 시간적으로 가능한지, 사회적 윤리나 규범에 적합한지 검토한다.
  ㉢ 측정가능한 목표설정이 중요하다.
  ㉣ 실행 가능하고 지속성이 있는 합리적이며 명확한 목표가 수립되어야 한다.
② 상황분석(현황분석) 및 문제확인
  ㉠ 현재 상황과 미래 상황과의 차이점으로 발생할 수 있는 장애요인을 규명한다.
  ㉡ 문제해결을 위한 한계점을 인지한다.
  ㉢ 목표달성에 필요한 자원에 대한 분석한다.
③ 대안의 탐색과 선택
  ㉠ 시행 가능 여부, 기대효과, 효율성, 현실성, 합리성 등을 검토한 후 대안을 선택한다.
  ㉡ 되도록 적은 자원을 투입하고 좋은 결과를 유도할 수 있는 대안을 선택한다.
  ㉢ 비용-편익분석, 비용-효과분석, 비용-효용분석, 시뮬레이션, 델파이기법(delphi technique) 등을 사용한다.
④ 대안의 결정
  ㉠ 한정된 자원 내 우선순위를 결정한다.
  ㉡ 선택 기준은 의사결정자의 활동에 대한 가치를 부여하는 정도, 활동의 목표달성 기여정도에 따른다.
  ㉢ 현실성(실현가능성)이 있는 효과가 확실하며 효율적으로 행정관리상 어려움이 적으며 사회적으로 큰 문제일수록 우선적으로 추진한다.
⑤ 업무수행
  ㉠ 변화나 개발을 촉진하기 위해 제안된 활동과 계획추진을 위해 승인된 안을 시행하는 것이다.
  ㉡ 업무수행을 위한 전략을 마련하고, 전략에 따라 업무수행을 기획하며 평가하는 과정을 반복한다.
  ㉢ 업무수행에 필요한 기술 및 인력에 대한 교육 시행, 실제 업무의 기획, 조직, 감독, 지휘, 조정 및 예산집행 등을 한다.
⑥ 평가와 회환: 객관적 방법을 통해 현 업무가 효율적이었는지 분석함으로써 앞으로의 업무 방향을 설정하고 업무내용을 개선하는 데 도움을 준다.
  ㉠ 업무량의 평가: 프로그램에 투입된 업무의 양 조사
  ㉡ 과정 평가: 간호업무의 진행과정 규명
  ㉢ 영향력 평가: 간호업무의 효과 및 효율성이 적절하였는지 측정
  ㉣ 적합도 평가: 간호목표에 대한 실제 제공된 서비스 양의 비 측정

7 기획의 방법론

(1) 경제성 평가
  ① 비용분석: 사업시행의 비용을 계산하고, 최소의 비용이 드는 대안을 선택하는 것
  ② 비용편익분석: 하나 또는 둘 이상의 사업 대안에 대한 경제성 평가를 하는 것으로 산출물의 양이나 질은 사업간에 동일할 필요가 없다. 사업에 소용되는 비용과 편익의 세분화, 비용과 편익의 계량화, 할인율을 적용하여 현재 가치를 계산하고 비용/편익의 비율이 가장 높은 대안을 선택한다.
  ③ 비용효과분석: 비용 한 단위당 최대의 효과를 갖거나 단위 효과당 최소의 비용이 드는 대안을 선택한다.
  ④ 비용효용분석: 건강일수 하루당 또는 질보정수명 1년당 최소의 비용이 소요되는 방안을 선택한다.

(2) PERT(Performance Evaluation Review Technique)
  ① PERT의 개념
    ㉠ 사업의 실천 단계를 계획할 때 유용하게 사용되는 것으로 집행계획을 모든 사람에게 간결하게 이행시키기 위한 방법이다.
    ㉡ PERT는 불확실한 상황에서 확률적인 방법으로 소요시간과 비용을 계산하지만, CPM은 확정적인 값을 이용하여 활동의 소요시간과 비용이 소요되는 사항을 추정한다.
    ㉢ 프로젝트를 완성하기 위해 각 하위 작업들이 진행되는 순서대로 번호가 붙여지고 화살표를 연결한다.
  ② PERT의 이점
    ㉠ 조직의 다수의 사람이 함께 하나의 프로젝트를 수행할 때 도움이 된다.
    ㉡ 작업망 작성을 통해 사람들이 기일을 지키게 해주고, 문제 발생 시 곧 확인할 수 있다.
    ㉢ 시간을 단축하고 비용을 절감할 수 있다.
    ㉣ 사업의 추진 상황을 일목요연하게 파악할 수 있어 계획실천에 도움이 된다.
    ㉤ 추진 중인 각 작업 간의 유기적인 관계, 상호관련성을 제시함으로써 구성원 간의 의사소통 수단이 된다.

(3) 간트차트(Gantt chart)
  ① 프로젝트 일정관리를 위한 수평막대(bar) 형태의 도구로서, 각 업무별로 일정의 시작과 끝을 그래픽으로 표시하여 전체 일정을 한눈에 볼 수 있는 기법이다.
  ② 프로젝트의 효율적 수행 및 통제관리를 위해 개발된 최초의 관리기법이다(1919년 헨리 간트에 의해 발표됨. 발표자의 이름을 따라 간트차트라 불림)
  ③ 계획과 실제 업무 진행결과를 비교하는 통제 수단으로도 사용되며 프로젝트의 효율적 수행 및 통제관리를 위해 개발된 최조의 관리기법이다.
  ④ 시간이라는 일직선 위에 각 활동의 착수시간과 완료시간을 나타내면서 계획 대비 현재 활동의 진척 상황을 표시할 수 있는 기법이다.

(4) 주경로기법(CPM; Critical Path Method)
  ① 활동의 소요시간과 비용문제 해결을 위해 시도된 기법이다.
  ② 각 활동 완수에 필요한 소요시간이 확실한 경우 최우선 작업과 전체 프로젝트의 최단 소요시간을 추정하기 위해 사용한다.

③ 한 작업의 정시에 완성되지 않으면 그 활동이 완성될 때까지 다른 활동들을 시작하지 못해 전 사업의 지체될 수 있으므로 활동기간이 확실한 사업에 가장 적절한 기획방법이다.
④ 사업활동과 그 특정 활동의 배열 및 순서에 초점을 맞춘다는 점에서는 PERT와 유사하나, 프로젝트 완성을 위한 하나의 완성시간만 추정하는 것이 다르다.

(5) 기획예산제도(PPBS; Planning Programming Budgeting System)
① 장기적인 계획수립과 단기적인 예산편성을 유기적으로 연관시켜 효율적이고 효과적인 의사결정이 가능하게 하는 기획방법이다.
② 프로그램의 기획개발과 소요자원에 대한 예산편성이 하나로 통합되어 각각의 활동이 동시에 고려된다.
③ 기획예산제도의 절차
　㉠ 계획수립(planning): 목표를 구체화하고 목표달성의 대안을 탐색하고 평가한다.
　㉡ 사업안 작성(programming): 각 대안에 소요되는 자원의 윤곽을 세운다.
　㉢ 예산편성(budgeting): 사업시 소요되는 자원의 비용을 할당하는 과정, 비용은 최소화하고 편익을 최대화하도록 예산을 편성한다.
　㉣ 관리·통제: 계획과 그에 따른 예산을 지속적으로 관리·통제한다

8 기획의 유형

(1) 기획범위와 수준에 따른 분류
① 전략적 기획(strategic planning)
　㉠ 조직의 목표달성, 전략적 판단과 결정, 결정된 전략에 필요한 자원분배 등 포괄적인 목표를 달성하는 데 초점을 둔다. 최고관리자에 의해 수행된다.
　㉡ 목적은 조직의 장기적인 생존과 성장을 확인하는 것이다.
　㉢ 급변하는 환경에 대해 미래의 문제와 기회를 예측할 수 있는 방법이다.
　㉣ 조직의 내·외적인 환경이 지닌 기회와 위기에 대해 조직의 자원과 기능을 맞추는 일에 중점을 둔다.
　㉤ 위험하고 불확실한 환경에서 이루어진다.
② 전술적 기획(tactical planning)
　㉠ 최고관리자의 전략적 계획을 수행하기 위해 설계된 계획으로 중간관리층에 의해 주로 수행되는 중기기획이다.
　㉡ 사업 수준이나 부서별 계획이다.
　㉢ 전략적 기획이 조직 전체에 관한 기획인 데 비해, 전술적 기획은 업무 위주의 기획이다.
　㉣ 전술적 기획의 결과는 전략적 기획에 비해 빠른 시간 내에 분명해지고 구체적인 행동으로 나타난다.
　㉤ 단기적인 목표와 조직으로 하여금 목표달성을 돕도록 하는 행동과정에 관한 의사결정으로 전략적 목적의 달성을 돕는다.
③ 운영적 기획(operational planning)
　㉠ 단기적인 운영목표를 달성하기 위해 운영적 전략을 동원하여 기획하는 과정이며, 하위관리자에 의해 수행되는 기획이다.
　㉡ 실제 업무수행에 필요한 활동계획을 작성하고, 실무적인 기술이 요구된다.

ⓒ 전술적 기획을 구체화한 것이다.
   ⓔ 불확실성의 정도가 가장 낮은 환경에서 이루어지고, 기간별 활동과 업무수행절차와 책임자를 정하고, 목표를 계량적으로 기술한다.
   ⓜ 운영적 기획은 1일 또는 주간의 업무를 대상으로 하고, 이때의 목표는 목표를 어떻게 달성할 것인가를 계량적으로 기술한다.

(2) **이용 빈도에 따른 유형**
  ① 단용기획(single-use plans), 일시적 기획
   ㉠ 반복이 예상되지 않는 일련의 행동과정, 단기간 내에 특정 목표를 달성하기 위한 계획이다. 특정 목표가 성취되면 곧 소멸되는 계획이다.
   ㉡ 계획된 행동이 달성되면 더 이상 기획이 필요 없는 것이다.
  ② 상용기획(standing plans), 상시적 기획, 지속적인 기획
   ㉠ 일정 기간 후 규칙적으로 반복될 수 있는 활동에 사용되는 기획이다.
   ㉡ 반복적으로 수행되는 과업(task)을 위한 지침을 제공하기 위해 사용되는 지속적인 기획이다.

02 | 목표관리

1 목표관리의 의의

(1) 개념
① 조직구성원의 참여과정을 통하여 조직의 공통된 목표를 명확히 하고, 조직구성원에게 체계적으로 목표를 부과하고 그 수행결과를 평가하고 환류시켜 궁극적으로 조직의 효율성을 향상시키고자 하는 기법이다.
② 조직의 상급관리자와 실무관리자가 협력하여 조직목표를 설정하고 기대되는 결과 측면에서 각자의 책임을 규정하여 일정한 기준에 따라 구성원들의 기여도를 측정, 평가하는 관리과정이다.
③ 조직구성원의 참여과정을 통해 상층관리자로부터 일선관리자에 이르기까지 그들이 계층별 연간목표를 설정하고 설정된 목표와 실제의 결과를 정기적으로 비교·통제하는 관리시스템이다.

(2) 구성요소
① 목표설정
② 구성원의 참여
③ 피드백(feedback)
  ㉠ 목표설정 시 하급자의 의견을 상급자에게 반영해야 하며, 상급자와 하급자가 목표달성정도를 정기적으로 검토하고 측정·평가하여야 한다.
  ㉡ 피드백을 통해 집단의 문제해결능력이 증진되고 개인의 직무수행 능력도 증대된다.

(3) 특성
① 결과지향적인 접근으로 이해할 수 있다.
② 목표설정 과정을 체계화하여 목표설정으로부터 시작해 기획과 통제를 통합하기 위한 기법이며, 관리자가 전략적 기획과 전술적인 기획을 통합할 수 있도록 돕는 도구이다.
③ 맥그리거(McGregor)의 Y이론적 접근으로 인간에 대한 긍정적인 이해를 바탕으로 한다.
④ 관리자와 구성원 간의 신뢰를 구축하고 의사소통을 개방한다.
⑤ 주체적이며 도전적인 기업문화를 창출한다.

2 목표관리의 과정

(1) 일반적인 목표관리 과정
목표 설정단계 → 목표수행단계 → 성과측정 및 평가단계(3단계)

(2) 말리(Mali)의 목표관리 과정
목표발견단계 → 목표설정단계 → 목표확인단계 → 목표실행단계 → 목표달성 평가 및 피드백 단계

(3) 쿤츠(Koontz)의 목표관리 과정
상급자의 예비적 목표설정과 제안 → 하급자의 목표설정 → 하급자의 목표결정작업 수행 → 수정활동 및 조언 → 하급자의 최종성과 → 성과에 대한 최종적 검토와 평가 → 재순환

3 목표관리의 전제조건

① 조직구성원이 달성할 수 있는 적절한 업무량
② 업무수행시 작업 규범이 설정되어 있어야 한다.
③ 수행한 과업의 명확한 정의가 요구됨
④ 목표는 조직구성원 행동의 최종상태를 반영할 수 있어야 한다.
⑤ 목표달성의 시간적 구분과 제한이 명확해야 한다.
⑥ 시간제한을 가지고 진행되므로, 업무수행에서 비용상의 제한이 있어야 한다.
⑦ 업적에 대한 정의와 측정 가능한 표준이 확정되어야 한다.

4 목표관리의 장단점

(1) 장점
① 업무의 효율화
② 자기개발 및 자아실현
③ 조직 구성원의 활성화
④ 통제수단
⑤ 업적평가와 처우개선

(2) 단점
① 목표의 명확한 제시가 어렵다.
② 장기적, 질적인 목표 등한시: 목표와 성과의 계량적인 측정을 강조하여 계량화할 수 있는 목표를 강조하게 됨. 이로 인해 계량화할 수 없는 성과가 무시되는 경향이 있다. 또한 단기목표와 숫자를 지나치게 강조하는 경향이 있다.
③ 비신축적인 경향: 조직을 둘러싼 환경의 변화로 과거에 설정한 목표가 이제는 더 이상 조직의 목표로서의 가치가 상실되었음에도 불구하고 조직구성원들이 목표를 고집하는 경우가 있다.
④ 불확실한 상황에서의 적용 곤란
⑤ 관료제 조직에 적용상의 한계: 계층성과 권력성이 강한 관료제 조직에 적용상 한계가 있다.
⑥ 부서 간의 지나친 경쟁 초래: 부서 간의 지나친 경쟁을 초래하여 조직 전체의 성과에 악영향을 미칠 수 있다.
⑦ 상급자의 지속적 능력개발 저해
⑧ 절차의 번잡성과 문서주의화의 위험

03 의사결정

1 의사결정(decision making)의 정의
① 조직의 효과적인 목표달성을 위해 선택 가능한 다수의 대안 중 최선의 대안을 선택하는 과정이다.
② 결국 의사결정은 효과적인 목표달성을 위해 여러 대체 가능한 활동과정 중에서 하나의 활동과정을 선택하는 것이다.

2 의사결정의 특성
① 기획을 포함한 모든 관리기능이 의사결정에 의해 수행된다.
② 의사결정은 관리의 일반적 과정이다.
③ 의사결정은 동적인 과정이다.
④ 의사결정은 선택적 행위이다.
⑤ 의사결정은 지속적인 과정이다.

3 의사결정 과정과 문제해결과정
① 일반적으로 '문제인식단계 → 대안의 개발 및 선택단계 → 대안의 실행단계 → 결과의 평가단계'의 4단계로 구분되며, '문제규명단계 → 목표설정단계 → 자료의 수집·분석단계 → 대안의 탐색 및 평가단계 → 최적안(최종안)선택단계 → 시행단계 → 결과평가단계'의 7단계로도 구분할 수 있다.
② 의사결정 과정
문제인식단계 → 대안의 개발 및 선택단계 → 대안의 실행단계 → 결과의 평가단계

4 의사결정의 유형

(1) 문제의 구조화에 따른 유형(Simon)
조직의 의사결정 문제가 얼마나 일상적이고 어느 정도로 구조화되어 있는가에 따라 의사결정의 유형을 분류하였다.
① 정형적 의사결정(programmed decision making)
  ㉠ 인과관계가 확실한 경우의 결정상황에서 이용한다.
  ㉡ 대부분 규정과 표준운영절차에 따르는 일상적인 업무의 의사결정이다.
② 비정형적 의사결정(nonprogrammed decision making)
  ㉠ 사전에 설정된 해결책이 없는 상황에서 새롭고 독특한 의사결정이 이루어지는 것이다.
  ㉡ 장기적이고 불확실한 상황에서 하게 되므로 새로운 사고가 필요하고, 고도의 창의력과 판단력, 쇄신이 요구된다.
  ㉢ 구조화되어 있지 않은 상황에서 결정사항이 비일상적이거나 복잡한 연구개발 조직의 전략기획 부분에서 많이 나타난다.

✏️ 정형적 의사결정과 비정형적 의사결정의 비교

정형적 의사결정 (Programmed Decision Making)	① 프로그램된 의사결정, 즉 일상적이고 구조화된 의사결정으로 반복되는 문제를 해결하기 위한 의사결정임 ② 기존의 문제를 해결하는 절차로 이해됨 ③ 조직의 하위 관리자가 주로 담당하게 됨
비정형적 의사결정 (Non Programmed Decision Making)	① 비구조화된 의사결정 ② 새로운 정책이나 제도를 수립 또는 수행하는 과정에서의 의사결정임 ③ 정해진 절차나 규칙이 없음 ④ 의사결정자의 경험, 직관, 창의, 판단 등에 의해 결정됨

(2) 결과예측의 가능여부에 따른 유형(Gutenberg)
   ① 확실한 상황에서의 의사결정(Decision Making Under Certainty)
      ㉠ 의사결정에 필요한 모든 정보가 완전히 알려져 있고 의사결정의 결과를 확실히 예측할 수 있는 경우이다.
      ㉡ 현실적으로 이러한 의사결정을 하는 경우는 그리 많지 않다.
   ② 위험상황에서의 의사결정(Decision Making Under Risk)
      ㉠ 대부분의 경우 의사결정은 건강관리문제의 복잡성 때문에 위험한 조건에서 행해진다.
      ㉡ 위험한 상황에서의 의사결정은 정확하지는 않지만, 어느 정도의 발생 가능성을 확률로 나타내어 의사결정을 하는 것이다.
   ③ 불확실한 상황에서의 의사결정(Decision Making Under Uncertainty)
      ㉠ 상황에 따라 발생할 수 있는 결과를 추정할 수 있으나 그 발생확률을 알 수 없을 때 하는 의사결정의 유형으로 최고관리자에게 주로 해당된다.
      ㉡ 의사결정자의 능력, 취향, 위험에 대한 태도 등에 따라 차이가 있다.

5 의사결정 기법

(1) 의사결정나무(의사결정수, decision tree) 모형
   ① 브룸(Vroom)과 예튼(Yetton)이 제시한 의사결정방법으로, 특정 상황에서 조직구성원들을 어느 정도로 참여시켜야 효과적인 의사결정을 할 수 있는가에 관한 이론이다.
   ② 의사결정자가 선택할 수 있는 대안과 그에 따른 결과를 나뭇가지 모양으로 나타낸 도표이다.
   ③ 의사결정나무는 최소 2개 이상의 대안들로 시작하며, 각 대안별로 발생할 수 있는 사건과 예상될 수 있는 결과를 제시한다.
   ④ 의사결정나무는 단기나 중기의 기획이나 의사결정에 적절하다.

(2) 명목집단기법(nominal group technique)
   ① 각각의 구성원들이 각자의 아이디어를 제출하고 기록하지만 구성원들 상호 간에 대화나 토론은 이루어지지 않고 특정 아이디어가 누구의 것인지 알지 못한 채 각 아이디어에 대해 토론을 한 후 투표에 의해 가장 많은 점수를 얻은 것을 선택하여 의사결정하는 방법이다.
   ② 의사결정에 참여한 모든 구성원들은 상호 간 대화 없이 각자 독립적으로 자신의 의견을 제시할 수 있기 때문에 의사결정을 방해하는 타인의 영향력을 줄일 수 있다.
   ③ 새로운 사실발견과 아이디어를 얻으려 할 때, 정보의 종합이 필요할 때, 최종결정을 내릴 경우 효과적이다.

(3) 델파이기법(delphi method)
　① 전문가 집단에서 신뢰성 높은 의사결정을 얻어내기 위한 기법이다.
　② 다수 전문가의 독립적인 아이디어를 우편으로 수집하고, 수집한 아이디어를 분석·요약한 후 그 결과를 응답자들에게 다시 제공하는 과정을 반복함으로써 의사결정하는 방법이다.
　③ 불확실한 미래에 관한 의사결정에 좋은 방법으로 전문가 집단에서 신뢰성 높은 합의를 얻어 내는 것이 목표이다.
　④ 집단구성원들이 직접 만나지 않는다는 것을 제외하고는 명목집단기법과 유사하다.

(4) 브레인스토밍(brain storming)
　① 창의적인 대안의 개발을 방해하는 일체의 압력을 극복하기 위한 비교적 단순한 기법이다.
　② 집단구성원이 비판 없이 차례로 아이디어를 내고, 여러 가지 다른 아이디어를 자극함으로써 여러 대안을 탐색하는 데 도움이 된다.
　③ 타인의 압력이 배제된 자유롭고 개방적인 분위기에서 창조적인 사고를 창출할 수 있도록 해야 한다.
　④ 브레인스토밍의 4대 원칙
　　㉠ 어떠한 아이디어도 제안가능하다.
　　㉡ 자유롭게 진행되어야 한다.
　　㉢ 가능한 한 많은 양의 아이디어의 제시에 중점을 둔다.
　　㉣ 개인이 제안한 아이디어는 집단이 공유하는 아이디어가 된다.

(5) Vroom과 Yetton의 의사결정 유형

구분	결정과정의 참여자	참여방식	결정권자
AⅠ- 전제적 의사결정Ⅰ	관리자 혼자	관리자 혼자	관리자
AⅡ- 전제적 의사결정Ⅱ	관리자와 하급자들이 개별적으로	하급자들이 관리자의 구체적인 질문에 응답	관리자
CⅠ- 협의적 의사결정Ⅰ	관리자와 하급자들이 개별적으로	구성원들에게 문제를 알리고 개인적으로 만나 의견을 듣는다. 의사결정 시 구성원의 의견을 반영할 수도 있고 하지 않을 수도 있다.	관리자
CⅡ- 협의적 의사결정Ⅱ	관리자와 하급자들이 집단으로	집단으로 의견을 듣고 문제를 의논한다. 협의한 의견은 반영할 수도 있고 하지 않을 수도 있다.	관리자
GⅡ- 집단 의사결정Ⅱ	관리자와 하급자들이 집단으로	구성원 집단과 의견을 나누고 일치점을 찾는다. 집단구성원의 의견에 따라 의사결정을 내린다.	하급자 집단

(6) 전략적 / 관리적 / 업무적 의사결정 비교

전략적 의사결정	① 가장 상층부에서 이루어지며, 조직 전체에 영향을 미치는 의사결정 ② 비정형적, 비구조적 의사결정의 형태 ③ 조직의 목표 결정, 새로운 환경변화에 대한 적응 대책 등
관리적 의사결정	① 중, 단기 기획과 관련된 의사결정 ② 중간관리자에 의해 이루어지는 의사결정 ③ 조직의 편성, 권한 및 책임의 조정, 재무관리 등의 결정
업무적 의사결정	① 정형적, 구조적 의사결정의 구조 ② 업무의 효율성을 극대화 위한 성과달성과 관련된 의사결정 또는 단기적인 전략 수행을 위한 의사결정

04 시간관리

(1) **시간관리의 중요성**
   ① 효율적 시간사용으로 목표달성이 용이하다.
   ② 자기관리를 통한 자아실현이 이루어진다.
   ③ 삶의 균형 있는 관리가 가능하다.

(2) **시간관리 매트릭스**
   ① 제1상한: 모두 급하고 중요한 것이다.
   ② 제2상한: 급하지 않으나 중요한 사항으로, 효과적인 자기관리의 심장부이다.
   ③ 제3상한: 긴급하지만 중요하지 않은 것이다.
   ④ 제4상한: 긴급하지도 않고 중요하지도 않은 것이다.
   ⑤ 제1상한과 제3상한에 속하는 일들은 우리의 마음을 이끈다.
   ⑥ 제2상한에 속하는 일들은 보다 큰 자발성과 더 많은 주도성을 요구한다.

   ✏️ 시간관리 매트릭스

구분	긴급함	긴급하지 않음
중요함	〈제1상한〉 • 위기 • 급박한 문제 • 완성기간이 정해진 프로젝트	〈제2상한〉 • 예방, 생산능력 활동 • 인간관계 구축 • 새로운 기획 발굴, 가치관 정립 • 중장기 계획, 오락, 휴식, 운동 등
중요하지 않음	〈제3상한〉 • 잠깐의 급한 질문, 눈앞의 급박한 상황 • 일부 우편물, 일부 보고서, 일부 전화 • 일부 회의 • 다른 사람의 일에 간섭 • 인기 있는 활동	〈제4상한〉 • 바쁜 일, 하찮은 일 • 이메일 및 문자 확인, 전화 • 지나친 TV 시청 및 컴퓨터 게임 • 시간 낭비 거리 • 즐거운 활동 • 지나친 휴식

05 재무관리

(1) **개념과 목표**
  ① 합리적으로 자금을 조달하고, 그 자금을 효율적으로 운용하는 관리기능
  ② 궁극적인 목표는 기업의 가치를 극대화하는 것이다. 경영활동에 필요한 자금을 조달하고 운용에 관련된 의사결정을 수행하는 과정으로, 이때의 의사결정은 투자결정, 자본조달결정, 배당결정, 재무분석 결정이다.
  ③ 화폐를 매체로 하는 기업의 모든 경영활동이다.
  ④ 목표
    ㉠ 이윤의 극대화
    ㉡ 기업가치의 극대화
    ㉢ 사회적 책임

(2) **재무제표**
  ① 개념: 일정 기간 기업의 경영성적과 재정상태를 기록·계산한 회계보고서이다
  ② 재무상태표(대차대조표)
    ㉠ 일정 시점에서 기업의 재무상태(자산, 자본, 부채)를 설명하기 위하여 작성되는 재무제표의 하나로서, 재무상태보고서이다.
    ㉡ 보건의료기관의 자산, 부채와 자본의 구성을 알 수 있다.
  ③ 손익계산서
    일정 기간 동안 조직의 경영성과를 나타내는 보고서로 당해기간에 발생한 모든 수익과 이에 대비되는 비용을 나타내는 재무보고서이다.
  ④ 현금흐름표
    일정기간 동안 현금의 흐름을 보여주는 표이다. 신뢰성이 높아서 기업의 이익을 평가하는데 유용하게 활용된다.

(3) **예산의 이해**
  ① 일년 동안 조직이 사업에 얼마를 지출할 것인가를 나타내는 문서
  ② 수입과 지출의 균형을 어떻게 이룰 것인가를 예측하는 것
  ③ 계획된 목표들을 성취할 수 있도록 자금지원을 체계적으로 연관시키는 과정임

(4) **예산유형**
  ① 운영예산(Operational Budget)
    ㉠ 부서의 활동을 완료하기 위해 1년 이내에 소비하거나 사용할 서비스나 재화
    ㉡ 물품, 장비 기타 항목을 위한 예산. 예) 친목도모비, 부서유지비
  ② 자본예산(Capital Budget)
    중요한 비품이나 거액을 요구하는 시설의 구매 등
  ③ 현금예산(Cash Budget)
    ㉠ 자본예산을 제외한 운영예산, 현금수령과 지출을 위한 운영 계획의 대상이 된다.
    ㉡ 수행업무에 대한 급여지급, 예상하지 못했던 요구사항, 급여, 공급품과 서비스에 대한 지불

④ 인력예산(Personal Budget)
  ㉠ 간호 및 간호보조인력의 수와 형태, 업무량 등에 기초한 인력의 요구량
  ㉡ 급여와 인력과 관련하여 지불되는 비용(비생산시간을 고려함)으로 구성됨.
  ㉢ 간호조직의 인력예산 편성시 고려사항: 간호전달체계, 간호인력의 구성, 입원환자수, 치료시설의 사용률, 결근과 이직률, 신설되는 간호단위와 기능 등

(5) 예산제도

구분	특징
품목별 예산제도 (LIBS, Line Item Budgeting System)	① 지출대상인 급여, 여비, 수당 등 품목별로 분류하여 지출대상 및 그 한계를 정함으로써 예산을 통제하려는 제도임 ② 입법부 우위의 예산, 통제 중심의 예산 ③ 예산을 조직별로 분류하고 그 다음 지출 대상인 구체적인 항목, 즉 품목을 기준으로 분류하는 예산제도
성과주의 예산제도 (PBS, Performance Budgeting System)	① 조직의 기능, 활동, 사업을 중심으로 예산을 분류, 편성하는 제도 ② 관리지향적 예산제도 ③ 성과를 중심으로 예산을 운용, 투입 중심의 예산 제도에 반대되는 개념임
계획 예산제도 (또는 기획 예산제) (Planning & Programming Budgeting System, PPBS)	① 장기적인 계획수립과 단기적 예산편성을 프로그램 작성을 통해 연결 ② 의사결정을 일관성 있게 시행하여 합리적인 예산 운영을 하고 하는 것 ③ 성과주의 예산제도의 관리중심주의를 더욱 발전시켜 계획중심주의에 따라 목적 지향적으로 바꾸고자 하는 것임
영기준 예산제도 (Zero-Base Budget)	① 전년도의 예산이나 정책, 사업을 기준으로 하지 않고 모두 제로베이스에서 새로운 정책, 사업을 편성하는 감축 관리에 적합한 제도 ② 의사결정 과정과 검토의 과정을 통해 관리자들의 참여를 권장하고 의사 결정의 질을 향상할 수 있음

(6) 진료비지불제도

보상제도	특징
행위별수가제	① 제공된 의료서비스의 단위당 가격에 서비스의 양을 곱한 만큼 보상하는 방식. 반면 과잉진료, 의료남용의 우려가 있고, 행정적으로 복잡하며 의료비 상승이나 의료인과 보험자간에 갈등요인을 소지하고 있다 ② 행위별 수가제 → 치료위주의 의료행위에 대한 수가 책정 → 진료량의 증가, 의료비용 상승 가속화의 요인
포괄수가제	① 환자의 종류당 총괄보수단가를 설정하여 보상하는 방식. 경제적인 진료 수행을 유도하고, 의료기관의 생산성을 증대시키며 행정적으로 간편하다는 것이 장점. 반면, 서비스의 양이 최소화되고 규격화되며 행정직의 진료진에 대한 지나친 간섭이 단점 ② 행위별 수가제 문제점 개선의 방안 → 질병군별 포괄수가제 도입(2003년부터 정상 분만을 제외한 7개 질병군을 선택하여 적용, 현재 종합병원급 이상 모든 의료기관에 확대 적용)

신포괄수가제	① 입원환자에 대하여 **질병군에 따라** 미리 정해진 **포괄수가를 적용**하는 제도로, 의사가 직접하는 시술과 일부 고가진료에 대해서는 각각의 금액을 별도로 계산하는 방식 ② 즉, 진료비 지불시 **포괄수가제와 행위별 수가제를 병행**하며, 건당 포괄 방식에 일당 수가 개념을 도입하여 입원일수에 따라 진료비를 가감하는 방식을 적용한 것 | 구분	7개 질병군 포괄수가제	신포괄수가제
---	---	---
대상 기관	7개 질병군 진료가 있는 전체 의료기관	• 국민건강보험 공단일산병원 • 국립중앙의료원, 지역거점 공공병원 등 총 42개 기관
적용 환자	7개 질병군 입원환자 백내장 수술, 편도수술, 맹장수술, 항문수술, 탈장수술, 제왕절개분만, 자궁수술	559개 질병군 입원환자
장점	• 포괄수가 • 의료자원의 효율적 사용	• 포괄수가(묶음) + 행위별수가(건당) • 의료자원의 효율적 사용 + 적극적 의료서비스 제공	
봉급제	① 제공된 서비스의 양이나 제공받는 사람의 수에 **상관없이** 일정기간에 따라 **보상받는 방식**. ② 의사의 수입이 안정되고 불필요한 경쟁을 억제할 수 있다는 장점이 있는 반면 진료의 형식화, 관료화가 우려
일당 지불제	주로 병원의 입원진료에 적용되는 방식으로 투입자원이나 서비스 강도의 차이를 두지 않고 **진료 1일당 수가를 책정**하여 **진료기간에 따라 진료비 총액**이 결정되는 제도로 일당진료비 방식도 **일종의 포괄수가제**로 보는 경우도 있음
<u>인두제</u>	① 등록된 환자 또는 주민 수에 따라 일정액을 보상받는 방식. 진료의 계속성이 증대되어 비용이 상대적으로 저렴하며 예방에 대한 관심이 커진다는 장점. 단점으로는 환자의 선택권이 제한되고 서비스의 양이 최소화하는 경향이 있으며 환자후송, 의뢰가 증가하는 경향이 있다는 것이 지적됨 ② 영국 등에서 시행하고 있는 제도로 질병발생을 예방, 과잉진료 방지 효과 있음
총괄계약제	① 지불자 측과 진료자 측이 진료보수 **총액의 계약을 사전에 체결**하는 방식으로 총진료비의 억제가 가능하며 과잉진료에 대한 자율적 억제가 가능하다는 장점 ② 매년 진료비 계약을 둘러싼 교섭의 어려움으로 의료제공의 혼란을 초래할 우려가 있으며 새로운 기술의 도입이 지연될 수 있음
총액예산제	① 보험자가 1년간의 의료비를 예상하여 공급자단체에 주면 이를 각각의 의료공급자에게 배분하는 방식, 의료비의 절감을 가져올 수 있는데, 정확히는 보험자측이 예측한 의료비 범위에서 벗어날 가능성이 낮아짐. ② 이 경우 **과소진료가 우려**될 수 있고, **비급여 진료의 증가가 가능**
보너스지불제	① 특정목표를 달성하기 위한 유인책으로서 보너스를 공급자에게 지불하는 제도. ② 예를 들어 약품비 지출을 감소시키기 위해 의사들로 하여금 약품의 처방을 줄일 수 있도록 유인책을 마련하는 것으로 약품 소비량 감소를 위해 환자 당 처방 비용이 평균 처방비용보다 낮은 의사들에게 보너스를 지불하는 방안을 고려할 수 있음

(7) 간호지불제도와 간호수가
    ① 간호수가의 개념 및 필요성
        ㉠ 간호행위에 대한 대가, 지불을 청구할 수 있는 금액이다.
        ㉡ 간호서비스에 대한 가격, 간호원가에 일정액의 이익을 추가한 금액이다.
        ㉢ 우리나라 간호수가는 행위별 수가제와 일당수가제가 적용된다.
        ㉣ 다양한 요구에 대해 개발된 간호서비스의 가치환산 수단으로 간호수가의 산정기준의 필요성이 있다.
        ㉤ 비용-효과적인 간호서비스의 개발 및 제공으로 국민의료비를 절감할 수 있다.
    ② 간호수가 산정방법
        ㉠ 환자분류군별 수가
            - 환자분류 중증도에 따라 분류 후 각군에 대한 원가를 산정, 자원소모량을 측정하여 그 분류군별로 각각 다르게 수가를 산정하는 방법이다.
            - 간호행위의 표준화, 간호수가의 기준을 확보하는 한다.
            - 장점은 과잉간호 서비스의 가능성을 배제할 수 있고, 차등화된 간호를 제공할 수 있다. 또한 간호료 지불에 대한 투명성을 확보할 수 있다.
        ㉡ 포괄수가제에 의한 간호수가
            - 병원 입원환자를 진단명별로 분류하고 진단명에 따른 간호 자원소모량을 파악하여 수가를 산정하는 방법이다.
            - 환자의 질병에 따라 미리 책정된 일정액의 진료비를 지급하는 방식
            - 의료비 절감 및 의료비 증가를 막을 수 있고, 재원일수 단축, 자원의 이용을 감소시킬 수 있다.
            - 조기퇴원, 입원 이용량의 감소, 질병군 별 간호를 표준화할 수 있다.
        ㉢ 행위별 수가(fee-for service) 또는 상대가치체계
            - 각각의 간호 개별행위에 수가를 산정하여 환자가 간호서비스를 많이 이용할수록 간호수가가 많이 부각되게 하는 방법이다.
            - 간호의 양과 질을 높일 수 있다. 환자가 간호의 양을 선택할 수 있다. 문제는 과잉간호가 발생할 수 있다는 것이다.
        ㉣ 일당수가
            - 전통적인 방법으로, 환자의 입원 1일 또는 외래방문 1일당 정해진 일정액의 수가를 산정하는 방식으로 환자간호에 들어간 총비용을 환자의 총재원일수로 나누어 환자 1인당 일일 평균비용을 산출하는 방법이다.(일종의 포괄수가제라고 이해된다.)
            - 환자별·질병별 투입자원이나 서비스 강도 차이를 반영하지는 않는다.
    ③ 현행 간호수가의 문제점
        ㉠ 다양한 간호행위가 반영되지 못하고 있다.
        ㉡ 실제 간호원가를 반영하지 못하고 있다.
        ㉢ 현재 간호관리료는 공급자 중심으로, 의료비 지불의 공정성이 결여되어 있다.
        ㉣ 간호부서가 병원 및 의료서비스 원가를 산정하는데 원가중심 부서에서 제외되어 있다.
    ④ 간호원가의 개념
        ㉠ 요구되는 간호 행위를 제공하는데 필요한 비용 또는 경비이다.
        ㉡ 간호서비스 제공을 위해 소모된 제반 비용(간호인건비, 간호용품, 간호행정 및 교육비 포함).

⑤ 간호원가 산정방법
  ㉠ 표준원가 산정방법
    - 일종의 일당 산정 방법으로 볼 수 있다. 제공되는 간호행위의 강도나 소요되는 시간에 상관없이 평균의 환자를 간호하는 데 사용되는 평균의 원가를 일률적으로 지불하는 방식
    - 환자의 중증도, 환자의 요구 및 재원일수가 고려되지 않는다는 한계가 있다.
  ㉡ 과정원가 산정방법
    - 환자분류체계 혹은 DRG분류체계를 이용하여 환자를 분류한 후 각 분류 항목마다 구체적인 환자원가를 제시하여 간호료를 산정하는 방식
    - 중증도에 따라 분류된 환자 그룹에 따라 간호비용이나 생산 등의 차이를 반영할 수 있다.
  ㉢ 작업별 원가 산정법
    - 행위별 원가 산정법으로 이해된다. 제공되는 간호행위의 강도와 소요되는 시간을 적용하여 산정한다.
    - 환자 개개인의 상태를 반영할 수 있다. 그러나 환자 개개인의 차이를 수량화하여 정확하게 계산하기는 어렵다.

06 간호관리료 차등제

구분	내용
개요/정의	요양기관에서 간호서비스의 일부를 보호자나 간병인에게 위임하는 등 입원진료 시 간호서비스의 질이 저하되는 현상을 해소하고, 적정수준의 간호인력을 확보하여 양질의 의료서비스를 제공할 수 있도록 입원료를 차등 적용하는 것
종류 및 분류근거	① 입원환자 간호관리료 차등제, 중환자실 간호관리료 차등제, 요양병원 입원료 차등제, 의료급여 정신건강의학과 입원료 차등제, 호스피스수가 가산제, 감염예방·관리료, 수술실 환자 안전관리료, 집중치료실 입원료 등 ② 보건복지부 고시 제 2021-319호 『요양급여의 적정기준 및 방법에 관한 세부사항』 등에 근거하여 적용됨.
간호인력 확보수준에 따른 등급산정 및 신청방법	① 병상수 대 간호사 수 기준 적용기관 $$등급\ 산정식 = \frac{일반병동\ 병상수^{1)}}{일반병동\ 간호사\ 수^{2)}}$$ 1) 각 월 15일 병상 수의 합 2) 전전분기 마지막월 15일부터 전분기 마지막월 14일까지 간호사별 재직일수의 합 / 해당분기 일수 ② 간호등급 산정시 평균 병상수와 평균 간호사수는 각각 소수점 셋째 자리에서 반올림하여 계산함 ③ 환자수 대 간호사 수의 비는 예외적으로 규정하며 이 때 환자수는 전전분기 마지막 월 15일부터 전분기 마지막 월 14일까지 매일 재원일수의 합이며, 입원초일인 환자는 입원환자 수에 산입하고 퇴원환자는 입원환자 수에서 제외함

	등급	간호사 1인당 병상수(일반병동)			
		상급종합병원	입원료 가산	종합병원	입원료 가산
일반병동의 간호관리료 등급과 입원료 산정기준	1	2.0 미만	2등급의 10%	2.5 미만	2등급의 10%
	2	2.0 ~ 2.5 미만	3등급의 10%	2.5 ~ 3.0 미만	3등급의 10%
	3	2.5 ~ 3.0 미만	4등급의 10%	3.0 ~ 3.5 미만	4등급의 15%
	4	3.0 ~ 3.5 미만	5등급의 15%	3.5 ~ 4.0 미만	5등급의 15%
	5	3.5 ~ 4.0 미만	6등급의 10%	4.0 ~ 4.5 미만	6등급의 15%
	6	4.0 이상	기준수가	4.5 ~ 6.0 미만	기준수가
				6.0 이상	

* 지역별 차등감산: 서울, 광역시의 구지역 이상 : 5% 감산, 중소도시 : 2% 감산, 의료취약지역 : 무감산

	등급	상급종합병원	기타 요양기관
산정 결과에 따른 등급	1등급	2.0 : 1 미만	2.5 : 1 미만
	2등급	2.0 : 1 이상 ~ 2.5 : 1 미만	2.5 : 1 이상 ~ 3.0 : 1 미만
	3등급	2.5 : 1 이상 ~ 3.0 : 1 미만	3.0 : 1 이상 ~ 3.5 : 1 미만
	4등급	3.0 : 1 이상 ~ 3.5 : 1 미만	3.5 : 1 이상 ~ 4.0 : 1 미만
	5등급	3.5 : 1 이상 ~ 4.0 : 1 미만	4.0 : 1 이상 ~ 4.5 : 1 미만
	6등급	4.0 : 1 이상 ~	4.5 : 1 이상 ~ 6.0 : 1 미만
	7등급	-	6.0 : 1 이상 ~

* 상급종합병원, 의원, 치과의원, 한의원, 보건의료원의 경우 6등급까지 산정

기출문제 확인하기

제4장 기획

001 빌딩이나 일정기간 사용되는 주요 장비 구입 등에 대한 예산으로 가장 옳은 것은? [2020, 서울시]

① 자본예산
② 인력예산
③ 운영예산
④ 현금예산

002 다음 글에서 설명하는 의사결정 방법은? [2020, 지방직]

> A 간호관리자는 병원 감염률을 낮추기 위해 병원 감염담당자들과의 대면 회의를 소집하였다. 이 때, 참석자들은 어떠한 압력도 없이 자신의 아이디어를 자유롭게 제안하고 그 내용에 대해서는 어떠한 평가나 비판도 받지 않도록 하였다. 그 결과, 병원 감염을 효과적으로 감소시킬 수 있는 창의적인 방법들이 다양하게 개발되었다.

① 델파이법
② 전자회의
③ 명목집단법
④ 브레인스토밍

003 기획의 유형에 대한 설명으로 가장 옳은 것은? [2023, 서울시]

① 전술적 기획은 일시적 기획과 상시적 기획으로 분류된다.
② 전술적 기획은 1년 미만의 단기기획으로 구체적인 업무계획이다.
③ 전략적 기획은 최고관리자가 수립하는 장기적, 종합적 기획이다.
④ 운영적 기획은 급변하는 환경에 대해 미래의 문제와 기회를 예측할 수 있는 방법이다.

004 <보기>에서 설명하는 집단 의사결정 기법으로 가장 옳은 것은? [2023. 서울시]

> **보기**
> 이 방법은 전문가들의 의견을 모아서 결정안을 만드는 시스템적인 방법으로, 과정이 복잡하고 시간이 많이 걸리는 단점이 있으나 집단 구성원들이 만나지 않고 외부 전문가들의 도움을 받아 진행할 수 있다.

① 명목집단기법
② 브레인스토밍
③ 전자회의
④ 델파이 기법

005 최고관리자가 기획을 수립할 때 사용하는 의사결정 유형으로 가장 옳은 것은? [2019. 서울시]

① 정형적 의사결정, 위험상황의 의사결정, 운영적 의사결정
② 비정형적 의사결정, 위험상황의 의사결정, 전술적 의사결정
③ 정형적 의사결정, 불확실한 상황의 의사결정, 전술적 의사결정
④ 비정형적 의사결정, 불확실한 상황의 의사결정, 전략적 의사결정

006 우리나라 간호관리료에 대한 설명으로 가장 옳은 것은? [2023. 서울시]

① 환자의 간호요구도나 제공된 간호서비스의 종류와 양에 따라 책정된다.
② 간호관리료 차등제 적용 기준은 상급종합병원 일반 병동의 경우 6등급으로 구분되어 있다.
③ 입원료의 40%로 책정되어 있다.
④ 상급종합병원의 일반병동의 경우 4등급은 5등급 입원료에 20%가 가산된다.

007 간호관리료에 대한 설명으로 옳은 것은? [2023. 지방직]

① 입원료 수가의 40%를 차지한다.
② 행위별 수가제를 적용받는다.
③ 상급종합병원 일반병동의 간호관리료는 1등급 내지 6등급으로 구분한다.
④ 근무조별 간호사 1명이 담당하는 평균 환자 수를 기준으로 등급을 산정한다.

008 신포괄수가제에 대한 설명으로 옳은 것은? [2023. 지방직]

① 2020년부터 시범사업을 시작하였다.
② 입원일수에 따라 구분한 환자군별로 요양급여비용 산정방식이 다르다.
③ 의료급여 수급권자는 적용되지 않는다.
④ 백내장 등 7개 질병군만을 대상으로 한다.

009 목표관리(MBO)의 장점만을 모두 고르면? [2023. 지방직]

ㄱ. 목표 달성에 대한 구성원의 참여의식을 높인다.
ㄴ. 구성원의 성과 평가를 보다 객관적으로 할 수 있다.
ㄷ. 구성원이 자신의 직무를 효과적으로 관리·통제하도록 기회를 준다.
ㄹ. 환경 변화가 발생했을 때 목표 변경이 신속하고 용이하다.

① ㄱ, ㄴ
② ㄷ, ㄹ
③ ㄱ, ㄴ, ㄷ
④ ㄴ, ㄷ, ㄹ

010 조직 내 의사결정방법에 대한 설명으로 가장 옳은 것은? [2019. 서울시]

① 구조화된 문제의 경우 비정형적인 의사결정방법이 유리하다.
② 의사결정의 비용 측면에서는 집단의사결정방법이 유리하다
③ 수용성의 측면에서는 개인의사결정방법이 유리하다.
④ 문제해결없이 의사결정이 이루어질 수 있다.

정답 001 ① 002 ④ 003 ③ 004 ④ 005 ④ 006 ② 007 ③ 008 ② 009 ③
010 ④

제5장 조직

PRETEST OX퀴즈

1 수직적 구조는 X이론적 인간관에 바탕을 두고 있다. [2015] O X

2 관리자의 기획, 조절기능이 많은 경우에는 통솔범위가 넓어진다. [2011] O X

3 업무가 단순화되어 업무처리 시간과 비용이 절감되며 업무의 효율성, 생산성이 높아지는 것과 관련된 조직화의 원리는 분업과 전문화의 원리이다. [2018] O X

4 조직의 공동목표를 수행할 수 있도록 조직구성원들의 행동통일을 기하도록 개별적인 노력을 통합하여 조직의 안정성과 효율성을 도모하는 원리는 명령통일의 원리이다. [2013] O X

5 상대방이 가치있다고 여기는 것을 해줄 수 있는 능력이 있을 때 갖게 되는 권력은 전문적 권력이다. [2019] O X

6 매트릭스 조직은 프로젝트 조직이 라인조직에 통합된 조직구조이다. O X

7 조직구성원 모두가 함께 공유하는 가치와 신념, 규범과 전통 등을 포괄하는 총체적 개념으로 신규 간호사의 조직에의 적응을 돕고 특히 업무와 직종이 다양하게 어우러진 병원 조직을 이해하는데 중요한 것은 조직구조이다. [2013] O X

8 계획적 조직변화에서 변화를 위한 정책과 실행에 영향력이 있는 사람의 권력을 이용하여 변화를 유도하여 나가는 전략은 정책적 전략이다. O X

9 의료기관의 SWOT 분석에서 국민소득이 증가하고, 의료수요가 증가한 것은 강점(S)이라고 할 수 있다. [2013] O X

10 레빈의 조직변화 3단계 중 조직원에게 변화의 필요성을 인식시키기 위해 개인에게 작용하고 있는 힘을 재편성하는 과정은 해빙기에 해당한다. [2011] O X

정답 및 해설

1 ○
2 × 오히려 통솔범위가 넓어지기 어렵다. 목표설정, 예산편성, 실적평가, 관리부서와의 업무 조정 등 관리자의 관리 기능이 많고 복잡하면 통솔범위는 좁아진다.
3 ○
4 × 조정의 원리에 대한 설명이다.
5 × 보상적 권력에 대한 서술이다. 전문적 권력은 특정 분야나 상황에 대해 높은 지식을 가질 때 갖는 권력이다.
6 ○
7 × 조직문화에 대한 설명이다.
8 ○
9 × 기회(O)에 대한 설명이다.
10 × 해빙기는 변화의 필요성과 문제를 인식하고 변화하고자하는 동기를 갖게 되는 단계이며, 지문의 설명은 변화기 또는 움직임기의 설명이다.

01 조직과 조직화

(1) 조직의 이해

① 조직과 조직화의 이해

구분	내용
조직의 개념	조직화라는 과정을 통해 형성된 결과로서의 구조
조직화	① 조직의 목표를 효과적으로 성취할 수 있는 조직의 기본구조를 만들어가는 과정 ② 조직의 기본구조는 조직의 목표 달성을 위해 필요한 일을 중심으로 직능구조와 계층에 따른 권력의 배분을 통해 이루어짐
L. A. Allen의 정의	조직 구성원들의 목표를 달성하기 위해 가장 효과적으로 협력할 수 있도록 직무내용을 명확하게 분석하고 직무수행에 관한 권한과 책임을 명확히 하며 그 상호관계를 결정하는 과정
M. E. Dimock의 정의	조직이란 소기의 목적을 달성하기 위해 기능과 책임의 분배에 따른 요원을 배치하는 것을 의미함. 즉, 최소의 마찰과 최대의 만족 주면서 소기의 목적 달성하여 공동 목표를 가진 개인과 집단의 노력을 관련짓는 것
의의	유형화된 상호관계, 즉 조직구성원들에 대한 효율적인 업무수행을 위해 책임을 구별하며, 자원과 다른 업무 등의 경계와 한계를 설정하는 일차적인 수단
목적	요원을 업무단위로 배치한 뒤 비슷한 기능이나 목적에 따라 이들을 종합하고 집단 활동에 의해 소기의 목적을 보다 능률적으로 수행함에 있음

② 조직화 원리

계층제의 원리	① 권한과 책임의 정도에 따라 직무를 등급화 → 상하계층간의 직무상의 지휘, 복종 관계가 이루어지도록 함 ② 책임과 권한의 명료화, 계층의 단축화 등이 고려되어야 함	
	장점	㉠ 의사결정의 책임이 분명함 ㉡ 계층 간의 권한과 책임위임의 통로가 됨 ㉢ 조직의 목표설정이나 업무배분의 통로가 됨
	단점	㉠ 조직의 경직으로 개인의 창의성이나 자율성을 발휘되기 어려움 ㉡ 외부의 상황이나 환경의 변화에 즉각적으로 대처하거나 적응하기 어렵고 보수적인 대응만 가능함 ㉢ 하위직의 근로의욕 또는 동기부여가 어렵고, 특히 전문가들이 소외되기 쉬움
명령통일의 원리	① 오직 한 사람의 상관에 의해서만 지시나 명령을 받아야 한다는 원리 ② 장점: 책임소재가 분명하고 명령과 보고의 대상이 명확함 ③ 단점: 과도히 명령통일의 원리를 강조하는 경우 전문가의 영향력이 유효하지 않고, 업무지연 또는 비효율을 초래할 수 있음	

	장점	㉠ 책임소재가 분명하여 각자의 역할에 대한 통제가 가능 ㉡ 책임자가 조직을 전반적으로 관리할 수 있고, 조직의 직위에 대한 안정성이 확보됨 ㉢ 의사소통의 혼선을 최소화할 수 있음
	단점	㉠ 계층제의 특성, 즉 권위적인 양상이 과도하게 나타날 수 있어 의사소통이 쉽지 않을 수 있음 ㉡ 전문가의 영향력이 감소할 수 있음 ㉢ 행정의 분권화와 권한 위임이 어려워 행정지연이 초래됨
통솔범위의 원리	① 한 사람의 상급자가 효과적으로 감독할 수 있는 이상적인 부하의 수 ② 이상적인 통솔범위의 결정에는 업무의 성질, 부하의 능력, 관리자의 능력 등을 고려해야 함. 일반적으로 상부 관리층의 경우 8~15명의 부하를 거느리는 것이 적당함 ③ 통솔범위와 계층의 수의 관계: 통솔범위와 계층의 수는 반비례 관계이며, 통솔범위가 넓어지면 계층의 수가 줄어들고, 계층의 수가 많아지면 통솔범위는 좁아짐. 계층제의 원리와 관계가 깊음.	
분업 및 전문화의 원리	① 조직의 규모가 커지면 업무의 내용이 복잡해지고 성질이 복잡해질 수 있어 조직의 효율성과 합리성을 높이기 위해서는 조직의 업무를 횡적, 종적으로 분업화할 수 있음 ② 업무의 분담이나 업무의 중복성, 균형된 업무량, 적정량의 업무가 이루어지도록 조직 편성이나 관리를 할 때 고려해야 함	
조정의 원리	① 공동 목적을 달성하기 위해 조직 구성원들의 행동을 통일할 수 있도록 집단의 노력을 질서 있게 배치, 배정하는 것 ② 조정의 원리에 따른 배치의 목적 ㉠ 전 조직활동과 개별적 활동을 기존 방침에 일치 ㉡ 능률적인 업무표준과 집행을 유지 ㉢ 사업의 계속성 및 지속성을 보장 ㉣ 조직의 각 부 및 국 사이의 적절한 균형을 유지 ㉤ 업무관계의 조정 및 증진 → 갈등과 긴장 등을 예방 및 차단	
책임과 권한의 원리	배정 또는 할당된 직무를 수행하기 위해 책임을 분명하게 하며, 책임에 뒤따르는 권한이 주어져야 한다는 원리임	
참모조직의 원리	① 상위관리자의 관리능력 보완 → 전문적인 감독을 촉진하기 위하여 참모조직을 따로 구성 → 계선조직(라인조직)과 구별 ② 참모조직은 행정업무 추진시 계선 조직의 권한과 책임을 침해하지 않는 범위 내에서 기능부서를 지원하게 됨	
	장점	㉠ 전문적 지식과 기능을 가지고 리더가 합리적인 지시와 명령을 내릴 수 있도록 도움. ㉡ 수평적인 업무의 조정과 협조를 가능하게 할 수 있고, 조직이 유연하게 대처할 수 있음
	단점	㉠ 조직 내의 인간관계가 복잡해질 수 있고 의사결정이 혼란스러울 수 있음 ㉡ 조직 간의 책임전가가 일어날 수 있음

02 조직 및 조직구조

(1) 권력

권력		개인이나 집단이 다른 이들의 의사결정과 통제에 영향을 미치는 능력
권력의 유형	\multicolumn{2}{l	}{① 공식적 권력 또는 조직적 권력}
	보상적 권력	타인이 요구하는 것을 보상해줄 수 있는 능력, 즉, 다른 사람에게 가치 있다고 인정되는 보상을 할 수 있는 능력
	강압적 권력	공포와 두려움에 기반을 둔 힘, 권력이다.
	합법적 권력	법에 근거하여 인정되는 권력으로 추종해야할 의무가 법에서 기인한다.
	\multicolumn{2}{l	}{② 비공식적 권력 또는 개인적 권력}
	준거적 권력	특별한 재능 및 자질에 기반을 둔 권력으로 다른 사람들이 호감과 존경심을 가지고 권력행사자를 닮으려 할 때 발생하는 권력
	전문적 권력	전문성, 기술, 지식, 경험 등에 기반을 둔 권력
	정보적 권력	정보를 소유하고 있는 것이 권력이 되는 것이다.
	연결적 권력	관계적 권력이라고도 하며, 중요한 인물이나 조직 내의 영향력 있는 사람과의 연결, 관계 자체가 권력이 되는 것이다.

(2) 권한

권한	공식적인 권리로 이해됨
권한의 분류	① 라인권한: 상위 계급에서 하위 계급에 직접적으로 감독을 행사하는 권한 ② 스태프 권한: 라인을 위해 자문하고, 조언 제공이 가능한 권한 ③ 직능적 권한: 스태프(막료)에 권한을 주어 직접 명령이 가능하게 하는 권한
권한 위임	업무의 부분을 하위 계층의 부하에게 할당, 부하직원은 책임을 지고 할당 받은 업무수행을 할 수 있도록 재량권을 부여하는 것임

(3) 구성요인

집권화	권력과 권한이 중심화 정도를 말함
분권화	권력과 권한의 분산 정도를 말함
공식화	직무표준화의 정도를 말한다. 단순하고 반복적인 직무는 공식화의 정도가 높고, 전문화 된 특수한 업무일수록 공식화 정도는 낮다.
복잡도	분화의 정도로 설명됨. 수평적 분화와 수직적 분화로 구분될 수 있다. 수평적 분화는 단위부서간의 횡적 분화, 수직적 분화는 상하위 계층간의 분화를 말한다.

(4) 결정요인

구분	특징
전략	조직목적을 달성하는데 필요한 모든 자원을 배분하는 것
기술	조직 내에서 투입물이 변환, 산출되어지는 과정과 방법이다.
환경	조직을 둘러싸고 있는 모든 요소, 조직의 목적달성 또는 조직성과에 영향을 줄 수 있는 모든 기관과 세력을 의미함
규모	조직규모는 구성원의 수와 밀접한 관계가 있음
권력-통제	조직 내의 정치적 활동

(5) 조직구조

구분	특징
의의	조직 내 직무 간에 형성된 비교적 정태적인 관계를 의미함
조직구조의 변수	① 복잡성 　수직적, 수평적 분화의 정도 ② 공식성 　조직 내에서 직무 표준화의 정도 ③ 집권화와 분권화 　의사결정의 집권화와 분권화의 수준에 따라 조직의 구조가 달라질 수 있음
조직구조의 설계	① 명령체계 또는 명령 시스템 ② 라인과 스텝 또는 계선과 참모 ③ 통솔범위 ④ 집권화와 분권화 ⑤ 공식화

03 조직구조 유형

(1) 정태적 조직
① 전통적 조직, 즉 관료제에서 주로 확인된다. 피라미드형의 구조로, 상사의 명령, 지시에 따라 하급자가 움직이고 조직의 중요한 의사결정이 주로 조직의 상층에서 이루어지며 표준화된 공식적인 업무, 복잡하고 계층적인 구조와 권한의 집중을 특징으로 하고 있다.
② 대규모 조직을 효과적, 효율적으로 운영하기 위해 만들어진 구조를 갖지만 조직을 둘러싸고 있는 정치, 경제, 사회적인 변화에 빠르게 적응하지 못하는 단점이 있다.
  ㉠ 라인조직(계선조직, line organization)
    - 관리자와 부하 간의 수직적 계층구조
    - 관리자가 부하에게 지시·명령·감독할 수 있는 관계이다.
    - 계층제, 명령통일, 통솔범위 원리에 따른 분업화에 중점을 두는 조직구조이다.
    - 관리자의 지시와 명령이 조직기구표상 직선으로 전달되는 것이 확인되는 조직이다.
  ㉡ 라인-스태프조직(계선-막료조직, line-staff organization)
    - 조직이 대규모화되고 업무내용이 복잡해지면서 관리자의 업무를 지원하고 조언해 주는 기능이 설치된 조직이다.
    - 명령통일의 원칙과 전문화의 원칙을 조화시켜 관리기능의 복잡화에 대응할 수 있도록 라인 외부에 스태프기구를 설치한 조직이다.
    - 스태프는 직무에 대한 실제적인 집행이나 명령권은 없으나 라인관리자가 의사결정을 할 때 조언, 지원, 조성, 촉진, 협조 등을 하는 조직으로, 스태프는 조직이 목적달성을 더 잘할 수 있도록 간접적으로 기여한다.
  ㉢ 직능조직(functional organization)
    - 기능이나 역할에 따른 전문화의 원리에 의해 설계된 조직으로 조직의 효율성을 높이기 위해 구성된다.
    - 확실성이 높은 환경에 있는 안정된 조직에 유리하며, 전문화된 관리기능은 최고관리자의 부담을 줄일 수 있다.
    - 라인조직처럼 모든 의사결정이 조직의 상층에서 이루어지고 명령형태로 내용이 하달되는 피라미드식 중앙구조형태를 지닌다.

(2) 동태적 조직
① 애드호크라시의 의의
  ㉠ 관료제의 반대 개념으로 임무가 완수되면 해산되었다가 새로운 임무가 주어지면 재구성되는 속성을 지닌 것이다.
  ㉡ 기계적이고 정태적이며 인 관료제에 비하여 유기성·동태성·비일상성을 강조하는 조직구조 개념이다.
② 프로젝트 조직(project organization)
  ㉠ 어떤 특정 목표 또는 업무를 달성하기 위해 창설된 임시적·동태적 조직으로, 복잡하고 비일상적인 업무를 다룬다.
  ㉡ 과제 중심 조직의 성격을 가진다.
  ㉢ 달성해야 할 분명한 조직목적과 완성해야 할 분명한 마감시간이 있다.

- ② 목적을 달성하기 위해 각 분야의 전문가들이 함께 모여서 협력하는 조직으로, 조직 내에서 구성원들은 거의 완벽한 수평관계를 갖는다.
- ③ 매트릭스 조직(행렬조직, matrix organization)
  - ③ 프로젝트 조직이 라인조직에 통합된 조직구조이다.
  - ⓒ 한 조직의 구성원이 세로로는 계층적인 기능적 업무에 묶이고, 가로로는 프로젝트 생산이나 서비스 측면의 업무로 묶이는 조직이다.
  - ⓒ 생산과 기능 모두에 중점을 두는 이중적인 조직이기 때문에 불확실한 환경변화에 적합한 조직구조이다.
  - ② 한 사람의 부하가 두 명의 상위자로부터 명령과 지시를 받기 때문에 명령통일의 일원화의 원칙에 위배되고, 이로 인한 갈등이 발생하기도 한다.
  - ⓜ 라인조직이나 라인-스태프조직보다 계층 수가 적다. 의사결정이 분권화되며, 공식적인 절차와 규칙에 얽매이지 않는다.
- ④ 위원회 조직(commission organization)
  - ③ 법제상 정책결정에 조직을 구성하는 여러 사람으로 구성된 합의제 기관이다.
  - ⓒ 각 부서간 혹은 각 명령계통간에 일어나기 쉬운 의견 불일치 및 갈등을 위원회를 통해 조정하려는 조직으로, 다른 조직과 병용되어 그것을 보완하고 조정하는 역할을 한다.
  - ⓒ 업무를 조정하고 정보수집과 분석, 충고, 의사결정의 책임 등의 기능을 한다.

(3) 공식/비공식조직
- ① 공식조직
  - ③ 조직의 기구표에 나오는 조직
  - ⓒ 기능과 권한의 측면에서 직무지향적인 조직이라고 볼 수 있다.
  - ⓒ 조직 내 직위, 업무 부서, 업무 기능, 조직 구성원의 상하 권한 관계 등은 알 수 있으나 권한의 정도, 직무와 관련된 역할, 비공식적 의사소통 경로는 알 수 없음
- ② 비공식 조직
  - ③ 공식조직 속에서 조직구성원들 간의 태도, 신념 또는 행동 양식 등의 유사성으로 인해 새로운 소속감과 정서적 유대 등으로 자연스럽게 형성되는 조직임.
  - ⓒ 자생적으로 형성, 개인적이고 사회적인 관계의 네트워크
  - ⓒ 감정의 논리가 적용되는 조직이다.

(4) 미래지향적 조직
- ① 학습조직
  - ③ 변화하는 환경에서 조직이 적응할 수 있도록, 조직 내에서 배우는 문화(학습)를 정착시키며, 이를 기반으로 만들어진 조직이다.
  - ⓒ 목적: 조직 내·외의 정보 수집하여, 지식을 조직 전체로 전파, 보급하는 급변하는 환경에 잘 대처할 수 있는 능력과 경쟁력을 높이는 것이다.
  - ⓒ 특징
    - 인간존중을 기본정신으로 구성원의 창의력과 적응력을 의도한다.
    - 정보를 가치 있는 지식으로 변환시키고 변환된 지식은 적응능력을 강화하여 조직생산성을 향상시킨다.

② 프로세스조직
  ㉠ 고객 가치를 직무에 이상적으로 반영할 수 있도록 근본적으로 다시 생각하고 재조직하는 조직이다.
  ㉡ 조직구조, 직무수행 등에 요구되는 인적조건, 담당자의 직무특성, 인적자원관리, 개인평가 및 보상 시스템, 조직문화 등 조직 시스템 전체에서 기존과는 다른 새로운 형태의 제도와 관리기법, 가치관이 요구된다.
  ㉢ 이와 같은 조직이 되기 위해서는 리엔지니어링하기 위한 팀 리더, 리엔지니어링을 설명하는 프로세스 소유자, 리엔지니어링 작업을 담당하는 사람, 고위경영층의 관점에서 작업을 감독하고 운영하는 위원들로 구성하여야 하고, 이 팀은 프로세스를 고객 관점에서 새롭게 이해하여야 한다.
③ 네트워크 조직
  ㉠ 전통적인 계층적 조직의 경직성을 극복하기 위한 대안으로 나온 조직구조이다.
  ㉡ 조직구성원 개개인의 전문적 지식에 근거한 자율권을 기초로 개인능력 발휘의 극대화를 꾀하고, 외부지원의 활용을 통해 유연성을 확보하기 위한 조직이다.
  ㉢ 조직을 합병해 거대한 조직으로 만드는 것이 아니라 네트워크를 연합해 창조적이고 효율적인 조직으로 만들어 가는 것이다.
④ 팀조직
  ㉠ 공동목표를 가지고 다수(2인 이상)의 사람들이 함께 시너지를 내기 위해 만든 조직이다.
  ㉡ 개인지향성이 특징이며, 수평적 조직원리를 통해 개인중심에서 팀중심으로의 업무추진, 명령계통의 축소 등으로 능률적 운영을 목표로 한다.

(5) **기계적 구조/유기적 구조**

구분	내용
계선조직(라인조직)	① 조직 내에서 상하간의 수직적 계층구조를 말함 ② 상층의 관리자가 부하에게 명령, 지식, 감독을 수행하는 관계
장점	① 책임소재가 명확하고 권한이 분명함 ② 의사결정의 속도가 빠름 ③ 계층제의 원리, 명령통일의 원리 등이 잘 지켜질 수 있음 ④ 조직의 목표 달성을 위해 효율적으로 조직이 운영될 수 있음
단점	① 조직 내의 의사소통이 경직 또는 제한될 수 있어 비효과적임 ② 조직의 경직화 ⇨ 환경변화에 유연하게 적응하기 어려움 ③ 개인의 창의성이 제한될 수 있음
계선 - 막료조직 (라인 - 스태프 조직)	① 명령통일의 원리와 분업-전문화의 원리가 잘 적용될 수 있는 조직 ② 조직의 목표달성에 필요한 활동을 핵심적으로 수행하는 전문가적 지식이나 기술을 가지고 라인의 활동을 도와주는 스텝이 결합된 조직임
장점	① 라인 조직 외의 전문적인 지식과 경험을 활용할 수 있음 ② 독단적인 의사결정을 방지할 수 있음 ⇨ 합리적 의사결정 가능
단점	① 라인과 스태프의 명령과 조언의 혼란 가능성 ② 스태프 조직의 설치로 운영비용의 증대 ③ 라인과 스태프 간의 갈등과 대립의 가능성

프로젝트 조직 (프로젝트 팀, Task Force Team)	① 특수한 업무를 수행하기 위해 만든 임시적인 조직 ② 환경변화에 적응하기 위해 조직이 유기적인 형태로 운영되는 구조임 ③ 과업이 완수되면 해산 후 새로운 사업시에는 다시 팀이 구성됨
장점	① 자원의 탄력적 또는 유연한 운영 ② 환경변화에 대한 높은 적응력으로 조직이 효율적으로 활용될 수 있음
단점	① 일시적 조직으로 추진 업무의 일관성이 유지되기 어려움 ② 지휘 및 통제의 문제가 발생할 수 있음
매트릭스 구조 (행렬조직)	① 전통적인 프로젝트 조직과 라인 조직을 통합한 형태로 두 조직간의 관계를 보완할 수 있는 조직 ② 프로젝트에 따라 독립성을 유지할 수 있고 기능별로 효율성을 유지할 수도 있음 ③ 조직환경이 불확실하고 조직의 규모가 큰 경우 또 부서 간의 의존성이 높고 생산과 기능 양쪽이 모두 전문화 또는 분업화가 필요할 때 유리한 조직 형태
장점	① 효율성을 극대화할 수 있음 ② 시장의 새로운 변화에 융통성 있게 대처할 수 있음 ③ 조직의 기능과 생산적 관리가 모두 가능함
단점	① 이중적 명령시스템으로 인한 갈등과 혼란의 가능성 상존 ② 이중적 부문화로 인해 인적자원의 비효율성 ⇨ 관리비용의 증대 가능
위원회 조직	① 특정 문제를 해결하기 위해 개인의 경험과 능력을 바탕으로 기능적인 면을 초월하는 조직 구성 ② 특별한 정책결정이나 과제의 합리적이고 효율적인 처리를 목적으로 함
장점	① 개인이 아닌 집단적 결정으로 이견을 조율하고 보다 합리적이고, 능률적인 처리 가능 ② 행정의 중립성과 정책의 지속성을 기대할 수 있음
단점	① 책임소재가 불분명할 수 있음. 즉 일의 지연이나 책임전가가 가능함 ② 의사결정이 타협안이 될 수 있음 ③ 감독이나 통솔력이 감소되어 결정이 어려울 수 있음

브루스 터크만의 팀 발달단계모형

단계 분류	특징
형성기 Forming,	① 팀 형성의 초기 단계로 자신의 그룹으로 일원화하며 갈등이나 논쟁을 피하는 단계임 ② 팀워크에 의한 성과 보다는 개인적 노력에 의해 성과를 내려는 성향이 강함 ③ 도전적 과제를 피하고 일상적, 평범함 업무를 선호함
갈등기 Storming,	① 프로젝트팀의 내부적인 갈등이 높아지는 시기이다. ② 팀의 구성원들의 갈등발생하며 스트레스가 증폭된다. ③ 팀 발전에 꼭 필요한 단계로 여겨짐.
규범기 Norming,	① 규칙, 가치, 행동, 방법 등이 만들어지는 시기이다. ② 공동의 목표를 생각하고 자발적으로 행동 규범을 만들며 성공을 위해 노력하기 시작한다.
성취기 Performing	① 개인과 팀의 조화를 이루어 성과를 이루어내는 단계이다. ② 부적절한 갈등 또는 외부 감독이 필요없으며 작업을 효과적으로 마무리 할 수 있다.
휴지기 Adjourning	① 프로젝트가 완료되면 팀이 해체된다. ② 미래에 대한 불확실성이 나타나기 시작하면 팀원들의 동기부여 수준이 떨어질 수 있다.

04 조직문화

(1) 개념/의의

구분	특징
조직문화	조직구성원 모두가 함께 공유하는 가치와 신념, 규범과 전통, 행동양식, 지식, 이념과 기술 등을 포함하는 복합적인 개념으로 구성원의 행동과 양식에 영향을 미치는 것임
조직문화의 의의	① 인간의 사고와 행동의 결정요인(determinant)라고 이해됨 ② 사람이 만든 것으로 학습하고 공유된다. ③ 세대간의 전승 또는 전수의 형태로 이어진다. ④ 공유된 가치관과 관계되고, 유형적 양식, 즉 의식, 상징물 등에 의해 표현된다. ⑤ 스스로 통합성을 유지한다. ⑥ 변화하지 않는 조직이란 없다. 조직문화도 시간이 흐르면서 점차 변화한다.

(2) 구성요소

구분	특징
파스케일과 피터스의 7S	① 공유가치: 공유가치 또는 공유된 가치는 가장 중요하게 여겨진 것으로 조직 구성원들에게 주입시켜 온 가치관, 신념, 기본목적 등으로 인간관, 세계관, 조직관이 포함된다. ② 전략: 조직의 목적 달성을 위해 조직의 자원과 구성요소들을 배분하는 계획과 행동방식을 말한다. ③ 구조: 조직체를 형성하고 있는 구성요소들과 이들 사이의 관계를 연결시키는 패턴을 말한다. ④ 관리시스템: 의사결정제도, 경영정보시스템 등 일상적 조직체 운영과 경영과정과 관련된 모든 제도를 말한다. ⑤ 구성원: 단순히 인력구성만이 아니라 그들이 가진 능력이나 지식 등의 집합체를 말한다. ⑥ 기술: 조직구성원들이 지닌 조직 운영에 실제로 적용되는 경영관리상의 능력으로 갈등관리, 위기관리, 통제, 조정관리 등의 기술과 방법론을 포함한다. ⑦ 리더십 스타일: 리더와 구성원 간의 상호관계에 있어 기본 성격을 지배하는 요소이다.
딜과 케네디의 분류 [환가중의문]	① 환경: 조직문화에 영향을 가장 많이 주는 외적요소 ② 가치: 7S 모형의 공유가치에 해당하는 것으로서 조직구성원이 공유하는 신념과 기본 개념을 말한다. ③ 중심인물: 조직의 기본 가치를 확립시키는데 중심적 역할을 하는 인물 ④ 의례와 의식: 조직의 일상 업무수행에 모든 구성원들이 규칙적으로 지키는 관습 또는 행동들을 말한다. ⑤ 문화망: 조직의 기본 가치와 중심인물이 추구하는 목적을 전달하는 비공식적인 매체이다.

(3) **조직변화 3단계(레빈의 3단계)**
   ① 해빙기(unfreezing)
      ㉠ 변화의 필요성과 문제를 인식하고 변화하고자 하는 동기를 갖게 되는 단계이다.
      ㉡ 변화를 위해서는 조직 내의 많은 구성원들이 문제를 인식하고 바람직한 상태로 변화하고자 해야 한다.
   ② 움직임기(변화기, moving)
      ㉠ 움직임기는 변화의 필요성과 문제를 확인하고 변화를 위한 구체적인 계획을 수립하며 대안을 선택하고 목적과 목표를 정의하고 어떻게 목표를 달성할 것인가를 결정하고 선택한 대안을 실행하여 변화를 하는 단계이다.
      ㉡ 과거의 것에서 새로운 상태로 변화하는 것으로 새로운 것을 도입하는 과정이 변화의 단계이다.
      ㉢ 변화의 과정에서 활용되는 매커니즘으로 동일시, 내면화(대처행동) 등이 고려된다.
   ③ 재결빙기(refreezing)
      ㉠ 변화를 개인의 인격에 통합하여 변화가 조직에 정착하여 지속되게 하는 단계이다.
      ㉡ 일단 변화가 일어난 후에도 계속적인 노력을 하지 않으면 사람들은 다시 변화 전의 상태로 되돌아갈 수 있으므로 이 단계에서는 변화가 정착되도록 지지하고 통제하는 것이 필요하다.

(4) **조직변화유형**
   ① 베니스(Bennis, 1964)는 조직변화의 과정에 미치는 요인으로 권력의 배분, 목표의 설정방법, 목표의 집행방법에 따라 분류하였고 아래와 같이 구분하였다.
      ㉠ 강압적 변화: 권력분배의 불균형으로 인한 한쪽의 일방적인 목적설정에 의해 일어나는 변화이다.
      ㉡ 경쟁적 변화: 권력을 가진 사람에 대한 동일시와 경쟁에 의해 촉진되는 변화이다.
      ㉢ 주입식 변화(교화변화): 권력자와 피권력자가 함께 수립한 공동 목표에 의해 이루어지는 변화이기는 하나, 권력배분의 불균형으로 권력을 가진 사람의 신념이 주입됨으로써 일어나는 변화이다.
      ㉣ 상호작용적 변화(교호적 변화): 권력자와 피권력자가 상호대등한 입장에서 목표를 수립하지만, 충분한 숙고를 거친 뒤에 일어나는 변화라기보다는 피권력자가 무의식 중에 다른 사람의 의견을 쫓아가서 일어나는 변화이다.
      ㉤ 자연적 변화: 재해, 사고, 환경 등에 의하여 일어나는 변화로, 목표설정 없이 일어나는 변화이다.
      ㉥ 사회화 변화: 개인이나 집단이 속한 사회 혹은 집단의 요구에 의해 일어나는 변화이다.
      ㉦ 기술관료적 변화: 자료를 수집하고 해석함으로써 일어나는 변화로, 조직의 변화가 일어나도록 자료분석 결과를 보고한다.
      ㉧ 계획적 변화: 권력자와 피권력자 간의 공동 목표설정, 동등한 권력배분, 계획의 특성이 있는 변화이다.
      ㉨ 사회화 변화: 개인이나 집단이 속한 사회나 집단의 요구에 의해 일어나는 변화, 이때 권력자의 생각이 반영되면 주입식 변화가 된다.
   ② 던컨(Duncan)의 분류: 시간이 경과시 자생적으로 발생하는 과정으로서의 자연적 변화와 목표실현을 향한 의도적 과정으로서의 계획적 변화로 구분하였다.
      ㉠ 자연적 변화: 자생적으로 일어나는 변화로, 수동적·우연적·과정지향적·사후적·실증적·경험적·적응적 성격을 지닌다.
      ㉡ 계획적 변화: 조직이 목표달성 및 유효성 증대를 위해 과거의 경험 및 조직의 내·외환경에 대한 이해의 바탕위에서 사전적·의도적·전략적·동태적으로 변화를 설계, 기획하는 것이다.

(5) 조직유효성
    ① 조직유효성이란 조직의 성과를 평가하는 기준으로 조직이 얼마나 잘 되고 있는가를 표시하는 개념이다.
    ② 조직이 궁극적으로 추구하는 목표의 달성 정도를 객관적으로 나타내는 것으로 조직이 환경변화에 다이나믹하게 적응하기 위해서 '바른 역할'을 하는 것을 말한다.
    ③ 조직 유효성에서는 효율성과 효과성의 개념을 고려할 수 있다. 이는 조직의 목표 달성을 위한 행동 또는 전략 등이 유효한가의 문제를 따질 때 효율성과 효과성이 검토된다는 것이다.

(6) 조직개발
    ① 조직개발이란 조직구성원의 가치관, 태도, 신념 등을 변화시켜 조직의 환경변화시 대처하는 능력을 증진시키려는 전략적 기법이라고 볼 수 있다.
    ② 조직개발에서는 다양한 기법이 활용된다.
    ③ 조직개발의 기법
        ㉠ 감수성 훈련: 조직내의 관계나 위계에서 완전히 자유롭게 상호토론을 하는 것으로 자신과 타인에 대한 태도를 감지하고 감수성을 기르는 훈련방법이 일종이다.
        ㉡ 관리망 훈련: 관리자의 행태변화에서 시작, 여러 단계를 지나 조직 전체의 변화를 도모하는 기법
        ㉢ 그리드 훈련(격자훈련, grid training): 블레이크와 무튼에 의해 개발된 훈련 프로그램으로 리더십의 개발을 통해 조직유효성을 높이려는 조직개발의 기법의 하나
        ㉣ 근로생활의 질 프로그램(Quality of Working, QWL): 미국의 L.E. 데이비스가 처음 사용한 용어로 인간다운 노동생활을 의미, 높은 생산성과 능률을 달성하는데 기여하면서 일의 세계를 인간화하는 절차를 고안하는 데서 나옴

기출문제 확인하기

제5장 조직

001 A 조직에서는 팀 내의 모든 구성원들을 동등하게 대해주고 서로 잘 알도록 하여 집단의 결속력을 증진시키는 방법으로 조직변화를 계획하고 있다. 이에 해당하는 조직변화의 전략으로 가장 옳은 것은? [2022, 서울시]

① 학문적 전략
② 동지적 전략
③ 경험적-합리적 전략
④ 규범적-재교육적 전략

002 직무를 종류와 내용으로 분할하여 조직구성원에게 분담시킴으로써 효과와 효율성을 도모하는 조직화의 원리는? [2022, 서울시]

① 계층제의 원리
② 분업 및 전문화의 원리
③ 명령통일의 원리
④ 통솔범위의 원리

003 조직화의 기본원리 중 <보기>에 해당하는 것으로 가장 옳은 것은? [2023, 서울시]

> **보기**
> • 위원회 및 스태프 조직을 활용한다.
> • 조직의 목표를 설정하고 목표를 달성하기 위한 계획을 수립한다.
> • 조직의 모든 구성원이 따를 수 있는 규정과 절차를 마련한다.
> • 수평 부서 간의 업무활동을 구조적, 기능적으로 통합해나간다.

① 조정의 원리
② 계층제의 원리
③ 명령통일의 원리
④ 통솔범위의 원리

004 <보기>에서 제시된 조직구조의 유형에 대한 설명으로 가장 옳은 것은?   [2023. 서울시]

> **보기**
> A 병원에 입사한 간호사는 병원내 동아리 활동에 대한 소개와 함께 소속부서에 상관없이 1개 이상의 동아리에 가입해야함을 안내 받았다.

① 조직의 생리를 파악할 수 있다.
② 기관의 목표달성을 위한 공식조직이다.
③ 조직도를 통해 계층, 의사소통 통로를 확인할 수 있다.
④ 구성원에게 구체적인 직무가 할당되는 영구적인 조직이다.

005 최고관리자가 총괄 감독하에 전문화된 기능에 따른 부서를 구성하고, 권한을 부여받은 전문가 스태프가 부서를 지휘하고 감독하는 조직으로 가장 옳은 것은?   [2020. 지방직]

① 라인조직
② 라인-스태프 조직
③ 직능조직
④ 매트릭스 조직

006 직무분석을 위한 정보수집 방법에 대한 설명으로 옳은 것?   [2021. 지방직]

① 관찰법: 직무 수행자가 매일 자신의 직무를 관찰하여 기록한다.
② 면접법: 직무 수행자에게 설문지를 배포하여 직무 요건을 조사한다.
③ 중요사건법: 직무 수행자가 매일 작업일지에 직무 내용을 작성한다.
④ 작업표본방법: 직무 분석자가 전체 직무 활동 중 일부 작업을 표본 선정하여 관찰한다

007 다음 글에서 설명하는 조직의 구성요소는?   [2020. 지방직]

> • 조직 내 자원 배분과 관련된 의사결정의 집중도
> • 직무수행에 있어서 직위 간 권한의 분배 정도

① 복잡성
② 공식화
③ 집권화
④ 전문화

008 브루스 터크만(Bruce Tuckman)의 팀 발전단계 중 다음에서 설명하는 단계는? [2023. 서울시 변형]

> 프로젝트의 내부적인 갈등이 높아지는 시기로, 팀의 구성원들의 갈등이 발생하여 스트레스가 증폭된다. 팀 발전에 꼭 필요한 단계로 여겨진다.

① 규범기
② 형성기
③ 갈등기
④ 성취기

009 다음 글에서 설명하는 조직화의 원리는? [2023. 서울시 변형]

> • 조직의 공동목표를 달성하기 위한 노력을 질서있게 조율하고 배열하여 조직의 효율성을 높인다.
> • 조직의 하부 시스템간의 시너지가 발휘되어 목표 달성을 위해 효과가 극대화되도록 하는 원리이다.

① 조정의 원리
② 계층제의 원리
③ 명령통일의 원리
④ 통솔범위의 원리

010 다음에서 설명하는 권력의 유형은? [2021. 지방직]

> A 간호팀장은 공정하고 성실한 업무처리와 상대방을 배려하는 인간관계로 평소에 팀은 물론 간호부 내에서도 간호사들의 존경을 받는다.

① 강압적 권력
② 합법적 권력
③ 준거적 권력
④ 전문적 권력

정답   001 ② 002 ② 003 ① 004 ① 005 ③ 006 ④ 007 ③ 008 ③ 009 ①
010 ③

제6장 인사관리-인적자원관리

PRETEST OX퀴즈

1 응급실에 배치된 신규간호사가 응급실의 소리지르는 사람들과 소음으로 인해 적응을 못하여 근무지 변경을 고려할 때 참고해야할 자료는 직무명세서이다. [2017] O X

2 직무설계는 직무분석을 통해 과업내용과 직무를 수행하는 구성원의 자격조건을 설정하는 것이다. O X

3 직무충실화는 맥클리랜드의 성취동기이론을 기초로 적극적인 동기유발을 위하여 직무수행자 스스로가 그 직무를 계획하고 통제하는 기법이다. [2020] O X

4 간호활동을 분석하고 각각의 활동에 소요된 간호시간을 측정하여 간호업무의 흐름을 분석하고 작업에 필요한 간호인력을 산정하는 방법은 산업공학적 방법이다. [2012] O X

5 간호인력 수요예측시 간호부에서 가장 우선적으로 측정해야하는 것은 직무분석이고 그 다음이 환자분류이다. [2010] O X

6 간호서비스 유형과 양을 결정하는 환자군별 특징을 광범위하게 기술하고 이를 기준으로 유사성에 기초하여 환자를 분류하는 방법은 서술평가법이다. [2019] O X

7 팀간호방법의 경우 주어진 업무를 전문성을 가지고 반복하기 때문에 혼돈없이 업무를 익힐 수 있다는 장점이 있다. [2007] O X

8 일차간호방법은 한명의 간호사가 환자의 입원에서 퇴원까지 24시간 전체 간호를 책임진다. [2013] O X

9 사례관리는 질적 간호제공과 비용절감을 목적으로 하는 방법이다. [2009] O X

10 예비교육의 첫 번째 과정으로 신규간호사가 근무하는 조직에 잘 적응할 수 있도록 적응을 돕는 교육은 직무오리엔테이션이다. [2013] O X

정답 및 해설

1 ○ 직무명세서와 직무기술서의 차이에 유의한다.
2 × 직무분석에 대한 설명이다.
3 × 직무충실화는 허즈버그의 2요인론을 기초로 직접 동기 부여할 수 있도록 재구성하는 방법이다.
4 ○
5 × 환자분류가 가장 먼저 진행되어야 한다. 이를 통해 간호업무량의 측정이 이루어져야 이에 따른 인력수요예측이 가능할 수 있다.
6 × 원형평가법 또는 원형평가체계에 대한 설명이다.
7 × 팀 단위이기 때문에 책임이 불분명하고, 전문성을 유지하기 어렵다.
8 ○ 전문직 간호사의 초점을 환자에게 두어야 한다는 철학에 기초한 방법이다.
9 ○
10 × 유도교육(induction training)에 대한 설명이다.

01 인적자원관리 이해

(1) **개념**
   ① 조직 목표를 위해 인적자원의 계획과 확보 및 효율적 활용과 유지, 보존, 보상과 개발까지 노사관계를 포함한 모든 기능과 활동을 포함한다.
   ② 조직의 목표달성을 위해 유능한 인적자원을 확보하고 그들의 능력을 충분히 발휘할 수 있도록 관리하는 활동이다.

(2) **과정**
   ① 직무관리
      ㉠ 조직구조를 구성하는 직무를 설계하여 직무체계를 형성한다.
      ㉡ 각 직무분석을 통해 과업내용과 직무를 수행하는 구성원의 자격조건을 설정하며, 직무를 평가하는 기능을 포함한다.

직무설계	조직구조를 구성하는 직무를 설계하여 직무체계를 형성하는 것이다.
직무분석	직무분석을 통해 과업 내용과 직무를 수행하는 구성원의 자격조건을 설정하는 것이다.
직무평가	직무를 평가하는 것과 그와 관련된 활동이다.

   ② 확보관리
      ㉠ 유능한 인적자원을 조직 내로 끌어들여 확보하는 것이다.
      ㉡ 간호인력의 예측 및 계획, 모집, 선발, 인력배치에 관한 활동 등
   ③ 개발관리
      ㉠ 인적자원의 능력을 개발 및 증대시키는 것이다.
      ㉡ **인력개발**, **승진 및 전보**, **경력개발**, **직무수행** 평가에 관한 활동 등
   ④ 유지관리
      ㉠ 유능한 인적자원이 조직에 장기간 머물도록 유지하는 것이다.
      ㉡ 보상관리, 직원 훈육, 결근 및 이직, 노사관계, 협상과 관련한 활동 등

(3) **중요성**
   ① 병원조직/간호조직에서 인적자원관리의 중요성은 다른 조직에 비해 다양한 직종과 인력으로 구성된다는 점이다.
   ② 다른 조직에 비해 노동집약적이며, 구성원 개개인의 능력과 역량이 매우 중요하다.
   ③ 인적자원 관리를 통해 인력의 질을 높임으로 조직의 목표달성이 가능하다.
   ④ 교육훈련을 통한 개개인의 잠재능력을 개발 및 육성하여 전문직으로서의 생활 향상을 도모할 수 있다.

02 직무관리

(1) 개념

구분	특징
직무분석	직무를 구성하는 구체적인 과업을 설정하고 직무에 필요한 지식, 기술, 성향, 책임, 특성 등 직무수행에 관한 기본 정보자료를 수집, 분석하는 과정
직무분석 과정	① 자료수집(과업의 자료, 행위, 지식자료에 대한 수집) ② 자료의 검토와 분석 ③ 분석 자료의 조직과 분류 → 자료의 체계화 ④ 분석결과의 표현: 직무 기술서, 직무 명세서
직무기술서	직무분석을 통해 얻은 특정 직무에 대한 자료와 정보를 직무의 특성에 중점을 두고 체계적으로 정리
직무 명세서	직무수행을 성공적으로 이루기 위해 필요하다 판단하는 인적요건, 즉 성별, 연령, 성격, 지식, 기술과 경험의 정도, 교육수준, 이해력 수준 등 기타 요건

(2) 직무설계

구분	특징
직무설계 개념	조직의 목표 달성과 조직 내 직무 담당인력의 욕구를 만족시키기 위한 직무내용, 직무기능 및 직무 간의 상호관계의 결정
직무 단순화	① 과업을 최대한 가능한 요소로 나누고, 단순화, 표준화, 전문화하는 것에 초점을 두는 것 ② 직무의 전문성과 효율성, 합리성, 생산성을 강조함
직무 순환	직무를 바꾸어 수행하도록 설계하는 방법
직무 확대	① 직무의 범위를 증가하는 방법, 즉 과업의 수와 종류를 증가시킴 ② 수평적으로 직무의 범위를 늘리고 다양성을 증가시키는 방법임
직무 충실화	직무내용과 환경을 재설계하는 방법 → 개인의 동기를 유발할 수 있고, 자아실현의 기회를 부여함. 전문성이 향상될 수 있음

(3) 직무분석

① 조직 내에 존재하는 직위의 본질과 기능요건을 규명하는 것이다.
② 조직 내 특정 직위에서 요구되는 책임을 수행하기 위해 필요로 하는 지식, 기술, 태도, 성격 요건 등을 확인하는 것이다.
③ 직무분석의 결과는 신규 직원의 모집, 채용, 오리엔테이션, 직원개발 프로그램, 근무성적, 평정, 배치, 전근, 승진, 급료, 법적 자료 등으로 사용된다.
④ 직무의 X-ray 사진과 같은 것으로서, 그 직무가 특정 기관이나 특정 부서에서 현재 어떠한 상태로 어떠한 양상이나 특징, 의미를 지니고 존재하는지를 명확하게 파악하고 기술하는 것이다.

(4) 직무분류

① 직무를 동일 또는 유사한 역할과 능력을 요하는 군집으로 분류하는 것으로 직무 내에서 단계적으로 승진하게 한다든가 이동하게 함으로써 좀 더 새로운 학습이 가능하게 하는 것이다.

② 승진, 이동, 임금, 교육, 훈련, 고과, 선발 등의 인적자원관리 활동을 능률적으로 수행할 수 있는 밑받침이 된다.
③ 직무분류와 함께 직계제도를 만들고 이를 근거로 자격제도도 만들 수 있다.

(5) **직무평가**
① 직무분석의 결과로 작성된 직무기술서나 직무명세서를 기조로 조직 내외의 다른 유사 직무들과 비교해서 특정 직무가 지닌 상대적 가치를 측정하는 것이다.
② 조직 내의 각종 직무의 중요성, 직무수행상의 곤란도, 복잡성, 위험도, 책임의 정도 등을 비교·평가함으로써 직무 간의 상대적인 가치(서열)를 체계적으로 결정하는 것으로, 직무급제도의 기초가 된다.
③ 직무분석의 방법론

구분	특징
직무 평가의 방법	임금의 공정성 확보, 인력 확보 및 인력배치의 합리성 제고, 인력개발의 합리성 확보를 위해서 서열법, 직무등급법, 점수법, 요소비교법 등으로 직무평가를 실시함
근무성적 평가	① 조직구성원의 근무실적, 직무수행능력 및 태도, 청렴성 등을 체계적, 정기적으로 평가하는 것을 말함 ② 평가결과를 반영하여 보수, 승진, 직무전환, 교육훈련 등을 시행함
서열법	① 전통적인 평가방법, 능력이나 업적을 총체적으로 비교 평가하여 순서를 결정함 ② 장점: 간단하고 쉽게 사용할 수 있음, 등급을 신속하게 부여할 수 있음. 관대화 경향, 중심화 경향과 같은 평가오류를 줄일 수 있음 ③ 단점: 평가 대상자가 많아지면 평가가 어려워짐. 인원이 적으면 서열이 의미가 없음
평정척도	① 평가자가 평가내용을 숫자나 내용으로 연속선 위에 분류하는 측정도구. 평가자의 주관이나 편견, 가치관 때문에 오는 편이의 문제를 해결하기 위해 복잡한 내용을 세분화하여 평가하는 것이 목표 ② 평정척도의 종류에는 여러 가지가 있으나 보건교육에서 활용할 수 있는 종류에는 기술평정척도·숫자평정척도·기술도표척도 등이 있음 ③ **기술평정척도**는 평가하려는 척도의 내용이나 단계를 간단한 단어·구·문장으로 표시하여 평정하는 방법이고, **숫자평정척도**는 평정하려는 특성의 단계를 숫자로 표시하는 방법이며, **기술도표척도**는 기술척도와 도표척도를 합쳐서 나타내는 것
도표식 평정척도법	① 도표로 된 평정표를 쓰는 방식 ② 직무상의 성패의 영향요인들의 분석에 따라 평정요소를 나열하고 그에 따라 등급을 표시하는 방식
강제할당법 (강제배분법)	① 평가시 인원을 강제적으로 할당하여 피평가자를 배열하고 서열을 정하는 방법 ② 통계적 분포에 따라 할당하며, 서열법의 단점을 보완함, 즉 범위와 수를 사전에 결정하여 비율에 따라 할당하는 방법임
체크리스트 평정법 (또는 대조표법, 대조리스트법)	① 표준 행동 목록표(check list)를 미리 작성해두고, 목록에 따라 가부를 표하도록 하는 방식임 ② 직무상의 행동을 구체적으로 표현해두었다가 피평가자가 체크하는 방법
중요사건기록법	근무실적에 큰 영향을 주는 중요사건을 기술하여 평가
행동기준 평정척도법	① 도표식 평정척도법과 중요사건기록법의 장점을 통합한 방법 ② 중요한 행동이나 사건들을 나열해주고 각각의 행동에 초점을 둔 평정법

(6) 근무성적 평정과정의 오류

구분	특징
후광효과	피평정자의 긍정적 인상에 근거하여 특정 요소가 우수한 경우 다른 평가요소도 높게 평가받는 경향
혼효과	평정자가 피평정자의 부정적인 면에 주목하여 지나치게 비평적인 경우로 실제 보다 낮게 평가되는 경우
중심화 경향	평가자의 평점이 모두 중간치에 집중되는 경향
관대화 경향	대부분의 피평정자에게 좋은 평점을 주는 것
시간적 오류 (근시오류)	평가 직전에 있었던 일들이 평가에 영향을 미치는 경우
논리적 착오	두 가지 평가요소 간에 논리적인 상관관계가 있는 경우 한 요소가 우수하면 다른 요소도 우수하다고 쉽게 판단하는 경우
대비오류	평가자가 무의식적으로 한 피평가자를 다른 피평가자와 비교하게 되면서 대비적으로 낮게 혹은 높게 평가하는 경우를 말함
선입견에 의한 착오	평정 외적인 요인이 평정에 영향을 미치는 것
규칙적 착오	한 평정자가 다른 평정자에 비해 일관적으로 높은 점수를 주거나 낮은 점수를 주는 경향
총계적 오류	평정자의 평정기준이 일정하지 않아 관대화 및 엄격화 경향이 불규칙하게 나타나는 경우를 말함

03 확보관리

(1) **인적자원 예측 및 계획**
① 필요한 인력 수와 자격요건 등을 미리 분석하여 인력수요를 충족시킬 수 있도록 다양한 대책을 마련하는 과정이다.
② 조직의 목표와 직무를 성공적으로 달성하기 위해 필요한 지식과 기술을 가진 적당한 수의 인원을 확보하기 위한 계획이다.
③ 인적자원계획은 인적자원 소요계획, 인적자원 확보계획, 인적자원 배치·전환계획, 인적자원 개발계획, 인적자원 비용계획 등의 활동이 포함된다.

(2) **간호인력 산정에 대한 접근방법(Gillies, 1982)**
① 인력예측을 위해서는 우선 간호업무량이 정확하게 측정되어야 한다.
② 간호업무량의 측정방법은 환자 통계자료를 이용하기도 하지만, 환자의 간호요구도를 측정하는 것이 가장 좋은 방법이다. 환자분류법을 활용하여 간호업무량을 측정한 후 각 분류군별로 간호시간을 계산하면 간호 단위 내의 입원환자의 총 간호업무량을 추정할 수 있다.
③ 서술적 접근방법(descriptive method)
  ㉠ 서비스 제공자의 관점에서 환자의 유형을 확인하여 간호표준을 설정하고 그 간호업무를 수행하기 위해 필요한 간호사 대 환자의 비율을 결정하는 방법이다.
  ㉡ 관리자의 경험을 근거로 하여 주관적으로 간호사의 수와 종류를 결정하는 방법이다.
  ㉢ 유경험 관리자에게 환자의 유형을 질문하고 간호표준을 설정하여 필요한 간호사 대 환자의 비율을 결정하는 방법이다.
④ <u>산업공학적</u> 접근방법(industrial engineering method)
  ㉠ 업무를 프로세스에 따라 나열하고 평균빈도와 시간을 추정하여 예측되는 소요 간호인력을 산출하는 방법이다.
  ㉡ 시간·동작분석(Time study)과 같은 기술들을 이용하여 모든 간호활동을 분석하고 각각의 활동에 소요된 간호시간을 측정하여 간호업무의 흐름을 분석하여 간호인력을 산정한다.
⑤ <u>관리공학적</u> 접근방법(management engineering method)
  ㉠ 행동목표를 기술, 환자 유형에 따른 표준을 기술하고, 정해진 업무수행 빈도와 난이도를 기초로 해서 간호인력수를 결정하는 방법이다.
  ㉡ 간호의 질, 돌보아야 할 환자의 유형과 수, 병원의 인원이나 병상수용 능력, 운영예산과 같은 일련의 종합적인 데이터에 근거해서 인력산정을 결정한다.
  ㉢ 간호요구도에 근거 환자를 분류, 분류군에 따라 필요한 시간을 산출하여 총 간호업무량에 따라 간호사를 배치하는 방법이다.

(3) **환자분류체계**
① 원형평가체계(prototype analysis evaluation)
  ㉠ 전형적 특성을 가진 환자를 기준으로 간호영역을 분류, 비슷한 특징을 나타내는 환자를 같은 영역 또는 범주에 포함시키는 방식이다.
  ㉡ 환자를 3~4개군으로 분류 군별 전형적인 특성을 광범위하게 기술하고, 이를 기준으로 환자를 분류하는 방법이다.
  ㉢ 이 환자 분류에 따라 간호행위의 유사성을 고려하여 환자를 순위척도로 분류하는 방법이다.

② 요인평가체계(factor analysis evaluation)
  ㉠ 객관적으로 환자를 분류함에 있어 특정한 요소나 질병의 위급 정도를 나타내는 요소들을 이용하여 환자를 분류하는 방법이다.
  ㉡ 직접간호 요구에 대한 대표적 지표를 설정한 후 환자의 간호의존도를 영역별로 점수화하여 총점으로 환자를 분류하는 방법이다.
  ㉢ 각 요소는 하부요소로 나눠지고 각 하부요소에 수적인 가치나 비중을 매김으로써 달성해야 할 표준시간을 정해놓는 방법이다.

(4) 간호전달체계
① 간호대상자들의 요구를 충족시키기 위해 간호를 제공하고 조직하는 방법으로, 간호업무분담 체계라고도 한다.
② 구조적인 업무분담을 통하여 간호대상자들에게 효율적이고 효과적인 간호를 제공하는 방법이다.
③ 사례방법(case method)
  ㉠ 간호사가 근무하는 동안 분담받은 환자에 대한 총체적 간호를 제공하는 방법이다.
  ㉡ 한 명의 간호사에 한 명의 환자가 할당되고 전인적 간호를 수행하는 방법으로 가장 오래된 전인적 간호방법이다.
④ <u>총체적 간호법(total patient care)</u>
  ㉠ 사례방법의 변형된 방법으로, 8시간의 근무시간 동안 한 명의 대상자에 대한 책임을 진다.
  ㉡ 간호사가 지정된 특정한 근무시간에서만 그 환자의 총체적 간호에 책임지는 것을 의미한다.
⑤ 기능적 분담방법(functional method)
  ㉠ 간호사의 업무를 분담하며 각 간호인력이 간호단위 내의 환자들에게 제공해야 할 전체 업무들 중에서 한두 가지의 간호기능을 수행하도록 하는 방법이다.
  ㉡ 응급 시나 바쁠 때 등 짧은 기간에는 적당하지만, 일반적 경우나 장기적 간호에는 적합하지 않다.
⑥ 팀 간호방법(team nursing method)
  ㉠ 다양한 간호인력이 팀을 구성하여 여러 명의 간호요원이 여러 명의 환자를 공동으로 간호하는 방법이다.
  ㉡ 간호사가 팀을 이루면서 목표를 성취하려고 하는 것으로, 전문직 간호사가 팀 리더가 되어 간호를 계획하고 조정하며 팀 구성원을 지도하는 방법이다.
  ㉢ 기능적 분담방법에서 초래되는 단편성을 제거하기 위해 고안된 방법으로, 사례방법과 기능적 방법의 장점을 살리면서 개별 간호를 하려는 데 목적이 있다.
⑦ <u>일차 간호방법(primary nursing)</u>
  ㉠ 전문직 간호사의 초점을 '환자'에 두어야 한다는 철학에 기초한 방법이다.
  ㉡ 일차간호사 한 사람이 4~5명 정도 환자의 병원 입원에서 퇴원까지의 24시간 전체 간호를 책임지는 방법으로, 전인적 간호가 이루어지는 가장 확실한 방법이다.
  ㉢ 환자가 퇴원한 후 또는 그 기관에 다시 입원한 경우에도 그 환자를 간호할 책임이 있다.
  ㉣ 일차 간호의 성공 여부는 간호사들의 자질과 행정적 지원에 따라 달라질 수 있다.
  ㉤ 다른 건강 요원의 환자관리가 활발하게 이루어지도록 조정하고 효율적인 대화체계를 유지한다.
  ㉥ 구조상 가정간호 호스피스간호, 다른 의료보건전달체계에도 적용할 수 있다.

⑧ 모듈간호법(modular nursing method)
  ㉠ 팀 간호법이 발전·변형된 방법으로, 팀 간호를 용이하게 하기 위하여 지역적 단위로 구성하는 방법이다.
  ㉡ 일차 방법을 실행할 간호사가 부족할 때 종종 사용할 수 있다.
  ㉢ 재정난과 인원변동이 잦아 어려움이 있는 병원에서 질적·전문적 간호를 증진할 목적으로 실시된다.
⑨ 모듈간호법과 팀 간호방법, 일차 간호방법과의 유사점
  ㉠ 팀 간호방법과의 유사점: 전문직 간호사와 비전문 보조인력이 함께 팀을 이룬다.
  ㉡ 일차 간호방법과의 유사점: 환자의 입원에서 퇴원·추후 관리 및 환자가 같은 문제로 재입원하는 경우 그 환자를 담당한 모듈의 간호사가 모든 간호를 담당하고 간호과정을 적용한다.
⑩ 모듈간호법과 팀 간호방법, 일차 간호방법과의 차이점
  ㉠ 팀 간호방법: 팀 리더가 간호과정을 책임진다.
  ㉡ 일차 간호방법: 일차간호사가 24시간 환자간호를 책임진다.
  ㉢ 모듈간호법: 각각의 간호사가 일정수의 환자들에게 직접 간호를 전달하고 비전문인들부터 도움을 받는다.
⑪ 사례관리법(case management)
  ㉠ 질적 간호제공과 의료비용 절감이라는 상반된 목적을 달성하기 위해 시작되었다.
  ㉡ 정해진 시간 틀 내에서 모든 의료팀원의 노력을 통합하여 환자의 목표를 달성하는 데 초점을 두는 간호전달체계이다.
  ㉢ 사례관리의 4가지 기본요소
    - 주어진 최적의 시간 틀 내에서 기대하는 임상적 결과 얻기
    - 간호제공자는 사례관리자와 동일하게 본다.
    - 단위나 부서를 초월한 간호사 집단과 의사집단 간의 실무적 협조(다학제적 접근)
    - 목표를 세우고 평가하는 일에 환자와 그 가족이 적극 참여하기
⑫ 매니지드 케어(managed care)
  ㉠ 불필요한 의료서비스는 제외시키면서 서비스의 질은 감소되지 않도록 하여 궁극적으로 의료비를 감소시키고자 하는 시스템이다.
  ㉡ 매달 일정 비용을 등록한 사람을 위하여 특정 진료서비스를 제공하도록 계약하는 것이다.
  ㉢ 비용이 제한된 환경에서 간호의 질을 통제하기 위해 고안된 건강전달체계이다.
  ㉣ 관리되는 주요소는 재정적 요소이다. 사전에 지불된 의료서비스 계획을 이용하여 의료비용을 절감하려는 것이다.
  ㉤ 사례관리와 매니지드 케어의 차이점: 사례관리는 사람에 더 중심을 두고, 매니지드 케어는 시스템에 더 중심을 둔다.

04 개발관리

(1) **인력개발**
  ① 배치
     ㉠ 선발한 사람을 적합하고 합리적인 직무와 연결시켜주는 작업
     ㉡ 적성배치방법
     ㉢ 적정배치방법
  ② 전직
     ㉠ 직원이 동등의 직급으로 수평적으로 이동하는 것
     ㉡ 만족감을 주고 기업에 최대로 공헌할 수 있는 지위로 배치시키는 행위
     ㉢ 작업요건의 변화에 대응하고 잘못된 배치를 교정
     ㉣ 작업의 단조로움을 벗어나게 하고 창의적 활동의 기회부여
  ③ 승진
     ㉠ 직원이 보다 유리한 직무로 이동하는 것을 말함
     ㉡ 합리적 승진은 직원의 능률과 사기를 증진시키고 잠재적 직원에게 조직에 참여하게 하는 동기부여 제공
  ④ 인사고과
     ㉠ 직원을 그가 속한 조직에 대해 가지는 유용성에 관하여 조직적으로 평가하는 제도
     ㉡ 목적: 직원의 가치를 객관적으로 정확히 측정하여 합리적인 인사관리의 기초를 부여함과 동시에 직원의 노동능률을 형성
  ⑤ 교육훈련
     ㉠ 체계적인 교육훈련은 생상성 향상, 원가절감, 조직의 안정성과 유연성 향상에 기여할 수 있는 필수적인 요소
     ㉡ 목적 - 지식, 기능, 태도를 향상시켜 조직을 강화 - 직원 각자 직무에 만족을 느끼게 함 - 직무수행능력을 향상시켜 보다 중요한 직무를 수행 가능하도록 함

(2) **경력개발**
  ① 개념: 개인이 경력목표를 설정하고 이를 달성하기 위한 경력계획을 수립하여 조직의 욕구와 개인의 욕구가 합치될 수 있도록 각 개인의 경력을 개발하는 활동이다.
  ② 목적: 조직에 필요한 인력을 확보하고 동시에 개인의 성취동기를 유발하여 개인과 조직의 목표달성을 극대화하고자 하는 데 있다.
  ③ 원칙
     ㉠ 적재적소 배치의 원칙: 직원의 적성, 지식, 경험, 기타 능력과 조직의 목표달성에 필요한 직무가 잘 조화되도록 맞추는 것이다.
     ㉡ 승진경로의 원칙: 기업의 모든 직위는 계층적인 승진경로로 형성되고 이에 따른 승진관리가 이루어져야 한다는 것이다.
     ㉢ 후진양성의 원칙: 인재확보를 기업의 외부에서 스카웃하는 것보다 기업의 내부에서 자체적으로 양성하는 원칙으로 한다.
     ㉣ 경력기회 개발의 원칙: 기업은 경력기회를 적극 개발해야 하며 승진경로가 어떤 한 부서에만 국한되지 않도록 기회를 확장시켜야 한다는 것이다.

(3) 교육훈련과 개발

현재 직무에서 요구하는 것과 현재의 성과나 능력 발휘를 비교판단하면 필요한 교육과 개발의 필요성이 도출되고, 상하급자는 부족한 부분을 메꿀 수 있는 개발계획을 같이 수립할 수 있다.

(4) 인사평가 / 인사고과 구성요소
  ① 인사평가의 필요성
    ㉠ 동기부여와 생산성 향상: 효과적인 측정과 피드백은 직원에게 동기부여하고 생산성을 향상시킬 수 있다.
    ㉡ 전략적 계획과 변화: 조직의 전략수립과 의사결정에 필요한 중요한 정보를 얻을 수 있다.
    ㉢ 합법성 확보: 조직의 중요한 의사결정에 있어 양질의 정보를 잘 사용하는가에 대해 사회는 여러 법과 규제를 통해 관심을 갖는다.

05 | 유지관리

(1) 보상관리
  ① 직원이 최선을 다해 직무에 임하게 하기 위하여 반드시 동반되어야 함.
  ② 보상의 효과: 직원 스스로 성장할 수 있다는 자신감과 비전을 가지게 함으로써 직무에 대한 의욕을 고취시킬 수 있음
  ③ 임금은 근로자가 제공한 노동에 대한 댓가를 받는 것으로 근로자의 최대 관심사
  ④ 직접제공(돈) / 간접제공(복리후생)

(2) 성과관리
  ① 개인, 팀 및 조직의 성과를 극대화하기 위해 조직의 과정을 확보하는 목표 지향적 과정이다. 개인의 성과가 조직의 전략적 목표를 달성하는 데 기여하도록 목표설정, 인사고과(성과평가), 개발 등을 하나의 단일 시스템으로 통합한 과정이다.
  ② 성과관리는 인사고과를 포함하며 조직성과 향상을 지향하는 보다 폭넓은 개념이다.
  ③ 성과관리는 평가미래 지향적이고 육성을 강조

기출문제 확인하기

제6장 인사관리 - 인적자원관리

001 역량기반 교육훈련제도의 하나로서 조직의 수직적, 수평적 장벽을 제거하고 전 구성원의 자발적 참여에 의한 행정혁신, 관리자의 신속한 의사결정과 문제해결을 도모하는 교육훈련 방식으로 가장 적절한 것은? [2023, 행정 7급]

① 멘토링(mentoring)
② 학습조직
③ 액션러닝(action learning)
④ 워크아웃 프로그램(work-out program)

002 조직이 분권화될수록 기대할 수 있는 효과는? [2021, 지방직]

① 구성원의 창의성과 능동성을 높일 수 있다.
② 조직 전체의 통합적 업무 조정이 용이하다.
③ 업무의 중복과 비용 낭비를 줄일 수 있다.
④ 최고관리자의 리더십 발휘가 용이하다

003 다음에서 설명하는 직무설계 방법은? [2021, 지방직]

> 구성원이 직무를 수행하는 과정에서 성취감, 인정감 및 고차원적인 동기 요인들이 발휘되도록 설계하는 방법으로 수직적으로 직무의 깊이를 늘리는 것이다

① 직무순환
② 직무확대
③ 직무단순화
④ 직무충실

004 직무수행평가에서 강제배분법을 사용함으로써 감소시킬 수 있는 평가상의 오류유형은? [2019, 서울시]

① 후광효과
② 논리적 오류
③ 규칙적 오류
④ 관대화 경향

005 다음 글에서 설명하는 길리스의 간호인력 산정에 대한 접근방법은? [2017, 지방직]

> K병원의 간호부장은 환자분류체계에 따른 환자유형별 간호표준을 정하고, 그 표준에 따라 정해진 업무 수행 빈도와 난이도를 기초로 하여 필요한 간호인력의 수요를 예측하였다.

① 서술적 접근방법
② 원형적 접근방법
③ 산업공학적 접근방법
④ 관리공학적 접근방법

006 직무평가 방법 중 서열법의 장점으로 가장 옳은 것은? [2022, 서울시]

① 직무의 등급을 신속하게 매길 수 있다.
② 직무 간의 차이를 구체적으로 밝혀주고 쉽게 이해할 수 있게 하므로 조직 내의 지위와 급료 문제를 쉽게 납득시킬 수 있다.
③ 직무의 상대적 차등을 명확하게 제시할 수 있다.
④ 일단 측정척도를 설정해 놓으면 타 직무를 평가할 때 용이하게 이용될 수 있다.

007 A 보건소의 보건소장은 보건인력들의 효과적인 인력배치를 위해 <보기>와 같은 인력배치 원칙을 준용하였다. <보기>의 설명에 해당하는 인력배치의 원칙으로 가장 옳은 것은?

> **보기**
> 보건소의 목적을 효율적으로 달성하고 보건소 내 구성원들의 능력과 잠재력을 최대한으로 발휘할 수 있도록 구성원들의 능력과 직무의 특성을 동시에 고려하여 적합성을 최대화하도록 노력하였다.

① 균형의 원칙
② 적재적소의 원칙
③ 능력주의의 원칙
④ 인재육성의 원칙

008 인적자원관리의 각 과정과 그에 포함되는 활동 내용을 옳게 짝지은 것은? [2023. 서울시]

① 확보관리 - 이직관리
② 개발관리 - 내적보상
③ 보상관리 - 모집, 선발
④ 유지관리 - 인간관계 관리

009 직무설계 방법 중 직무확대의 장점에 해당하는 것은? [2023. 지방직]

① 직무의 능률성이 높아진다.
② 직무에 대한 자율성이 높아진다.
③ 작업 결과에 대한 책임부담감이 감소한다.
④ 반복적인 업무에서 발생하는 단조로움이 감소한다.

010 기본급 유형 중 직무급의 임금 결정요인에 해당하는 것은? [2023. 지방직 변형]

① 인적자원의 학력
② 근속 연수
③ 직무의 난이도
④ 조직에 대한 구성원의 기여도

011 간호단위 관리자가 다음과 같은 방법을 적용해 연간 필요한 간호사 수를 산정하였다. 이와같은 접근 방법은 무엇인가? [2023. 지방직 변형]

$$\text{연간 필요한 간호사 수} = \frac{(\text{환자 1인당 일 평균 간호시간} \times \text{일 평균 환자 수} \times 7\text{일} \times 52\text{주}) \times \text{간호사 부담률}}{\text{간호사 1인당 주 근무시간} \times \text{간호사 1인당 연간 근무 주 수}}$$

① 서술적 접근방법
② 산업공학적 접근방법
③ 관리공학적 접근방법
④ 통합적 접근방법

정답 001 ④ 002 ① 003 ④ 004 ④ 005 ③ 006 ① 007 ② 008 ④ 009 ④
010 ③ 011 ②

제7장 리더십과 동기부여

PRETEST OX퀴즈

1 미래에 대한 비전을 제시하고 직원에게 동기를 부여하며 갈등을 해결하는 것은 간호관리과정의 기능 중 통제에 대한 설명이다. [2020]   O X

2 리더는 추종자와 비추종자를 모두 수용한다. [2008]   O X

3 소수의 사람만이 위대해질 수 있는 자질을 가지고 태어난다는 이론은 리더십 이론 중 특성이론이다. [2020]   O X

4 자유방임형 리더십은 자기보상으로 동기부여를 하며 건설적인 비판을 사용한다. [2012]   O X

5 피들러의 상황적합성 이론에서 리더십 상황 중 리더-구성원의 관계가 나쁘고, 과업구조화는 낮고, 리더의 직위권한이 약하다면 관계지향적 리더십이 효과적이다. [2018]   O X

6 하우스의 경로-목표이론에서 과업이 구조화되어 있고, 공식 권한 체계가 명확하며 구성원이 높은 사회적 욕구를 지니고 있다면 지원적 리더십이 적합하다. [2013]   O X

7 K병원의 외과병동에 근무하는 간호사들은 허시와 블랜차드의 리더십이론에서 제시한 구성원의 성숙도가 최저인 1단계에 놓여있다고 할 때 이 병동에 적합한 간호관리자의 리더십 유형은 높은 과업지향성과 낮은 관계 지향성을 특징으로 하는 설득적 리더십이 타당하다. [2009]   O X

8 간호관리자가 스스로 셀프리더(Self-leader)의 역할 모델이 되어 구성원들이 셀프리더가 되도록 동기부여를 하는 리더십은 슈퍼리더십이다. [2018]   O X

9 무엇이 조직구성원들의 동기를 불러일으키는가를 다루며, 조직구성원들의 행동을 유발시키는 인간의 욕구나 만족에 초점을 맞추는 이론은 목표설정이론과 같은 과정이론이 이에 해당한다. [2018]   O X

10 허즈버그의 2요인 이론에서 적정한 임금은 동기부여 요인에 해당한다. [2007]   O X

정답 및 해설

1 × 지휘에 대한 설명이다.
2 × 관리자는 추종자와 비추종자를 모두 수용하지만 리더는 추종자를 지휘한다.
3 ○
4 × 민주형 리더십에 대한 설명이다. 자유방임형은 스스로 동기부여되어 자기 지식적일 때 창의적 활동시 생산성이 산출된다.
5 × 과업지향적 리더십이 효과적이다. 리더과 구성원의 관계가 좋고, 과업구조가 낮으며 직위권한이 약하다면 관계지향적 리더십이 효과적이라고 할 수 있다.
6 ○
7 × 지시적 리더십이 타당하다고 볼 수 있다.
8 ○
9 × 동기부여의 내용이론으로서 ERG 이론 또는 허즈버그의 이론, 맥그리거 xY이론, 맥클리랜드 성취동기이론
10 × 적정한 임금은 위생요인에 해당한다. 동기부여요인(만족요인)에는 성취감, 책임감, 승진, 직무충실, 성장가능성, 일 자체 등이 해당한다.

01 리더십이론

(1) 특성이론

① 1940년대 리더는 고유한 특성을 가지고, 상황이나 환경에 관계없이 항상 리더가 될 수 있다고 주장하는 이론이다.
② 자질이론, 위인이론으로, 성공적인 리더들이 가지고 있는 일련의 공통적인 특성을 규명하려는 이론이다.
③ 특정한 자질을 가지고 있기 때문에 지도자가 될 수 있다는 공통된 가정 하에 추종자들로부터 존경과 신뢰를 받을 수 있는 우수성이 리더십의 결정 요인이라고 본다.
④ 지도자와 비지도자를 구별할 수 있는 특성이나 특징이 존재한다는 사고방식에 근거하여 지도자의 특성을 분석한다.
⑤ 리더의 특성

지성(intelligence)	인성(personality)	능력(ability)

• 판단력(judgement)
• 결단력(decisiveness)
• 지식(knowledge)
• 언어유창력(oral fluency)
	• 적응력(adaptability)
	• 민첩성(alertness)
	• 창의력(creativity)
	• 협동심(cooperativeness)
	• 통합능력(personal integrity)
	• 정서적 균형과 조절능력
	  (emotional balance and control)
	• 자기확신(nonconformity)
	• 독립심(independence)
		• 협동능력(able to enlist cooperation)
		• 인기와 명성(prestige)
		• 대인관계기술
		  (interpersonal skills)
		• 사회참여
		  (social participation)
		• 임기응변, 외교술
		  (tact, diplomacy)

(2) 행동이론

① 리더의 행동에 따라서 리더십의 효과성이 결정된다는 전제하에 1940년대 말부터 리더의 실제 행동에 초점을 둔 이론이다.
② 효과적이라고 입증된 리더십 스타일을 훈련시켜 지도자를 양성하고자 하는 것으로, 효과적인 지도자는 타고난 것이 아니고 후천적으로 교육개발이 가능하다는 전제에서 출발한 이론이다.
③ 리더가 어떤 성격과 특성을 가지고 있느냐가 아니라 리더가 무엇을 하며 어떻게 행동하느냐에 초점을 둔다.
④ 리더십을 '리더가 구성원들에게 보여주는 행동 스타일'이라고 규정하고 어떤 상황에서 리더가 보여주는 행동 유형, 즉 리더십 스타일(유형)을 발견하고 각 리더십 스타일에 대한 효과성을 규명한다.
⑤ 리더십 행동은 리더의 권한과 구성원의 참여 정도에 따라 하나의 연속선상에서 다양한 모습으로 나타날 수 있다.

(3) 상황이론
① 상황이론은 기존 이론에 대한 반성에서 도출되었다. 즉, 리더십의 효과성은 상황조건에 따라 달라지는 것으로 나타나면서 특성이론과 행동이론은 특정 상황에서는 효과적이나 다른 상황조건에서는 효과적이지 않다는 한계가 드러나면서 이러한 한계점을 극복하기 위해 등장한 이론이다.
② 1970년대 이후 나타난 이론으로, 상황적 조건들을 구체화하고 상황적 조건에 따른 리더십 행동과 그 효과를 집단성과와 집단구성원의 만족감을 중심으로 분석함으로써 리더십의 효과성을 상황과 연계시키고자 등장한 이론이다.

구분	특징
특성론	리더는 특별한 속성, 즉 특성(character)을 가진 사람이라고 이해하는 접근방식. 즉, 다른 사람과 구별되는 리더로서의 요건을 갖춘 사람은 상황과 관계없이 지도자가 되는 것이라 봄
행태론(행동이론)	① 조직의 효과성에 영향을 미치는 것은 리더의 자질(또는 속성)보다 그의 행동유형(리더십 유형)이라는 입장 ② 리더가 갖추어야 할 행태를 학습하여 취득할 수 있다고 이해함
상황론	리더십의 유효성은 상황에 따라 변화된다고 이해함 ⇨ 즉, 리더십의 효율성에 영향을 주는 상황요인을 밝히는데 초점을 둠

(4) 피들러(Fiedler)의 상황적합성 이론
① 내용
  ㉠ 상황을 고려한 최초의 이론. 리더의 특성과 리더십 상황 호의성 간의 적합성 정도에 따라 리더십의 효과가 변화되는 것으로 보았다.
  ㉡ 효과적 리더십은 지도자와 구성원 간의 상호작용 유형과 상황과의 관계에 따라 결정되며, 지도자로 하여금 집단에 대해 영향력을 행사할 수 있도록 하는 특정 상황, 곧 호의적 상황에 달려있다.
  ㉢ 상황의 호의성이란 그 상황이 리더로 하여금 자기 집단에 대하여 자신의 영향력을 행사할 수 있게 하는 정도라고 설명된다.
② 리더의 유형: 피들러는 LPC 점수(least preferred co-worker score)로 리더를 분류하였다.
  ㉠ LPC 척도: 리더가 가장 싫어하는 동료 작업자에 대해 8점 척도로 평가하는 것이다.
    - LPC 점수가 높음: 싫어하는 동료를 관대하게 평가하는 리더 관계지향적 리더이다.
    - LPC 점수가 낮음: 싫어하는 동료를 부정적으로 평가하는 리더 과업지향적 리더이다.
  ㉡ 리더십의 상황변수: 리더와 구성원 간의 관계, 과업구조, 리더의 직위권한이라는 3가지 상황적 매개변수 간의 조합이 리더에 대한 '상황의 호의성'을 결정하며, 리더가 처한 상황의 호의성이 높을수록 리더십 유효성이 커진다.

> 상황의 호의성 = 리더와 구성원 간의 관계 + 과업구조 + 리더의 직위
> ⑴ 리더와 구성원의 관계(leader-member relations)
> ⑵ 과업구조(task structure)
> ⑶ 리더의 직위권한(position power)

  ㉢ 상황에 따른 리더십
    - LPC 점수가 낮은 리더(과업지향적 리더): 리더에 대한 호의성이 아주 높거나 아주 낮은 상황에서 가장 훌륭하게 과업을 수행하는 경향이 있다.

제7장 리더십과 동기부여 **95**

- LPC 점수가 높은 리더(관계지향적 리더): 리더에 대한 호의성이 중간 정도인 상황에서 가장 훌륭하게 과업을 수행하는 경향이 있다.
③ 리더십의 효과성(결과변수)
결과변수인 리더십의 효과성은 리더의 유형(원인변수)과 상황의 호의성(상황적 매개변수)에 따라 결정된다.
④ 피들러의 상황 적합성 이론의 적용
㉠ 1단계: 관리자들의 리더십 유형을 파악한다. LPC 점수를 기준으로 관계지향적 리더인지 과업지향적 리더인지를 결정한다.
㉡ 2단계: 간호업무의 구조화 정도, 관리자-간호사 관계, 관리자의 직위 권한을 기준으로 간호조직의 상황 호의성을 파악한다.
㉢ 3단계: 상황 호의성에 효과적인 리더십을 가진 관리자를 선발·배치한다.

(5) 하우스와 미첼(House & Mitchell)의 경로-목표이론
① 개념
㉠ 동기부여의 기대이론에 기초를 두고 리더의 행동에 영향을 미치는 상황적 변수에 대한 연구를 기반으로 하였다.
㉡ 리더의 행동이 조직구성원들의 동기부여, 만족 및 직무수행 능력 등에 어떤 영향을 끼치는가를 연구하였다.
㉢ 리더가 구성원들에게 목표를 인지하게 하고, 목표를 스스로 개발하게 하며, 목표를 달성하기 위한 경로를 찾는 데 영향을 미치는 것에 중점을 둔다.
㉣ 구성원들의 기대(목표경로)와 유의성(목표에 대한 매력)에 영향을 미치는 정도에 따라서 리더의 유형과 행위에 대한 동기가 나타난다는 것이다. 즉, 리더가 어떻게 구성원들의 유의성과 기대 등에 영향을 미치는지에 초점을 두고 목표달성을 위한 경로를 제공하여 구성원들의 만족감, 동기부여, 성과 등을 얻게 하기 때문에 경로-목표이론이라고 명명하였다.
㉥ 구성원들의 특성과 환경적 요소를 고려하여 적절한 리더십 행동 유형을 선택·활용함으로써 구성원들의 성취동기를 자극하고 성과와 만족감을 높일 수 있도록 해야 한다.
② 지시적 리더십(도구적 리더십, directive leadership)
㉠ 리더가 구성원에게 일일이 지시하고 안내하여 목표달성을 할 수 있게 유도하는 유형이다.
㉡ 리더가 구성원의 활동을 기획·조직·통제하는 구조주도적인 리더십으로, 구성원에게 기대하고 있는 것을 알려주고 구체적으로 지시하며 구성원의 질문에 답하는 유형이다
③ 지원적 리더십(supportive leadership)
㉠ 리더가 구성원들에게 보다 우호적이고 친근하며 인간적인 관심을 가지고 있는 유형이다.
㉡ 리더가 부하의 복지와 안녕에 대하여 진정한 관심을 보이고, 우호적인 분위기 조성과 작업 집단의 만족을 위해 노력하는 유형이다.
④ 참여적 리더십(participative leadership)
㉠ 리더가 의사결정 및 이의 시행과정에서 구성원들에게 의견을 묻고 상담하고 그들의 제안을 활용하나, 의사결정은 리더 자신이 한다.
㉡ 리더는 구성원들에게 정보를 제공하고 그들의 아이디어를 공유할 것을 권유하며 의사결정과정에서 구성원들의 의견과 제안을 고려하는 유형이다.

⑤ 성취지향적 리더십(achievement-oriented leadership)
결과지향적이고 도전적인 목표를 설정하고 그 목표를 달성하기 위해 구성원들이 최대의 능력을 발휘하도록 하며, 목표달성에 대한 책임은 리더가 아닌 부하에게 있다.

(4) **허시와 블랜차드(Hersey & Blanchard)의 상황대응 리더십이론**
① 구조주도와 배려라는 요소를 중심으로 연구한 오하이오 주립대학의 리더십 연구를 바탕으로 리더의 행동을 과업지향적인 행동과 관계지향적인 행동으로 나누어 분류 후에 구성원의 성숙도(maturity: M1, M2, M3, M4)를 추가시켜 3차원 모형을 제시하였다.
② 상황대응 리더십이론의 초점은 리더십의 효과가 부하들의 성숙도에 따라 달라진다는 것이다. 즉, 부하들의 성숙정도에 따라 리더십의 효과가 변화된다는 것이다.

M1	구성원들의 능력이 부족하고 동기나 자신감도 부족한 단계
M2	구성원들의 능력이 부족하지만 어느 정도의 자신감과 동기를 가지고 있는 단계
M3	구성원들이 능력은 갖추었으나 동기가 낮은 단계
M4	구성원들이 능력과 동기 모두가 성숙된 단계

③ 4가지 리더십 스타일

S1 지시적(telling) 리더	㉠ 과업지향성은 높지만 관계지향성은 낮은 리더로 전제형의 리더이다. ㉡ 기준을 제시해 주고 직접 지도하며, 일방적인 의사소통과 리더 중심의 의사결정을 한다. ㉢ 구체적인 업무를 지시하고, 과업수행을 엄밀히 감독한다.
S2 설득적(selling) 리더	㉠ 높은 과업지향성과 높은 관계지향성을 지닌 리더이다. ㉡ 결정사항을 부하에게 설명하고 부하가 의견을 제시할 기회를 제공하는 등 쌍방적 의사소통과 집단의사결정을 지향한다.
S3 참여적(participating) 리더	㉠ 관계지향성은 높지만 과업지향성은 낮은 리더이다. ㉡ 의사결정 과정에서 부하들과 의견을 교환하면서 조정한다.
S4 위임적(delegating) 리더	㉠ 과업지향성과 관계지향성이 모두 낮은 리더로 적극적인 민주형의 리더이다. ㉡ 성숙도가 높은 부하에서 바람직한 유형이다.

④ 집단의 성숙도와 효과적인 지도성의 유형

M1	높은 과업 중심과 낮은 관계성의 지시형 S1
M2	높은 과업 중심과 높은 관계성의 설득형 S2
M3	낮은 과업 중심과 높은 관계성의 참여형 S3
M4	낮은 과업 중심과 낮은 관계성의 위임형 S4

(5) **블레이크와 무튼의 관리격자이론**
① 의의
㉠ 관리망 모형은 리더십의 유형을 생산에 대한 관심과 인간에 대한 관심의 두차원으로 분류하여 다섯 가지로 구분함
㉡ 생산성과 인간에 대한 배려는 상호배타적인 개념이 아니며, 두축을 모두 고려할 때 가장 효과적

인 리더가 될 수 있다고 봄

ⓒ 바람직한 리더는 팀형(9.9형)으로 본다. 즉 상회신뢰적 존중하는 관계에서 과업을 달성한다.

구분	내용
무관심형(1.1형)	최소노력, 최소의 관심으로 무책임하고 무능력한 리더십의 유형이다. 업무에 대한 지시만 하고 방치하며 어려운 문제가 발생하는 경우 회피함
인기형 또는 친목형(1.9형)	인간에 대한 관심은 높으나 생산에 대한 관심은 낮아 인간적인 분위기를 조성하는데 주력하는 유형
과업형(9.1형)	생산에 대한 관심은 높으나 인간에 대한 관심은 낮아 과업에 대한 능력을 중시하는 유형
타협형(5.5형)	인간과 생산에 대해 타협과 균형을 보이는 유형, 과업의 능률과 인간적 요소를 절충하나 우유부단하게 보일 수 있음
단합형 또는 팀형(9.9형)	적극적이고 이상적인 유형

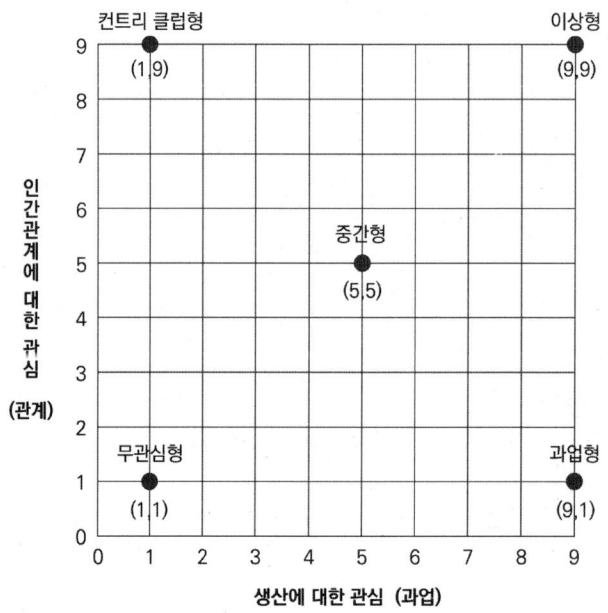

[그림] 관리격자 모형

(6) 레딘(Reddin)의 3차원 관리유형이론
① 관리격자 개념(블레이크와 무튼)을 이용, 추가로 유효성의 차원을 포함시켜 과업, 관계, 유효성의 3차원 관리유형이론을 제시하였다.
② 특히 리더십의 효과에 초점을 두고 상황의 적합성에 따라 효과적인 리더십 또는 비효과적인 리더십이 발휘될 것으로 설명하였다.
③ 효과적인 리더십과 비효과적인 리더십: 리더의 행동이 상황과 관련하여 적절한 경우에는 상대적으로 효과적인 리더십이 발휘될 것이며, 그렇지 못한 경우에는 비효과적인 리더십이 나타나게 될 것이라고 하였다.

(7) 거래적 리더십·변혁적 리더십
① 거래적 리더십(transactive leadership)
   ㉠ 교환적 리더십으로, 리더는 거래적인 교환을 한다.
   ㉡ 거래적 리더는 부하들이 작업의 결과로 얻으려는 것이 무엇인지를 인식하고, 부하들이 과업을 완수했을 때 부하들이 원하는 바를 제공하려고 한다.
   ㉢ 거래적 리더는 부하들의 노력에 대한 즉각적이고 가시적인 보상 또는 보상에 대한 약속으로 교환을 한다.
   ㉣ 거래적 리더는 부하들이 과업을 수행하고 그에 따른 즉각적인 자기 이익을 추구할 때 그에 보답한다.
   ㉤ 반복적이고 기대된 성과의 수준이 측정될 수 있는 상황에서 효과적인 리더십이다.
② 변혁적 리더십(transformational leadership)
   ㉠ 조직의 미래 비전을 제시하고 비전과 구성원을 연결, 동기를 부여하고 고무하는 유형이다.
   ㉡ 기대 이상의 성과를 도출하게 하는 과정으로, 부하들에게 조직의 장래의 비전을 공유하여 동기를 부여하고 몰입도를 높여 부하가 원래 생각했던 성과 이상을 달성하도록 하는 리더십이다.
   ㉢ 리더의 핵심기능: 가치판단, 비전 제시, 코칭, 권한의 부여, 팀결정, 질 향상 등
   ㉣ 구성요소

카리스마	㉠ 리더는 바람직한 가치관, 존경심, 자신감 등을 구성원에게 심어주고 비전을 제시한다. ㉡ 구성원들에게 비전과 미션을 제시하고 자신감을 높여주며 존경과 신뢰를 얻는다.
개별적 배려	㉠ 구성원들이 개인적 성장을 이루도록 구성원들의 욕구를 파악하고 알맞은 임무를 부여한다. ㉡ 구성원들을 존중하고 개인적인 관심을 가지며 성장을 위해 개별적으로 코치하고 조언한다.
지적 자극	㉠ 기존 틀을 벗어나 새로운 관점에서 상황을 분석하고 문제를 해결할 수 있도록 구성원의 지혜와 논리성을 일깨워준다. ㉡ 구성원들이 창의적인 관점에서 상황을 분석하도록 격려한다.
영감적 동기부여	㉠ 목표를 쉽게 설명해 주고 높은 기대를 갖도록 하며 공유비전을 실현하도록 동기부여시키며 영감을 불어 넣어준다.

③ 거래적 리더십과 변혁적 리더십 비교

구분	거래적 리더십	변혁적 리더십
의사소통	하향적, 수직적	다방향적
의사결정	집단적, 하향적	분산적, 상향적
시간관	단기적, 현실중시	장기적, 미래지향적
권력의 원천	지위로부터	구성원으로부터
변화에 대한 태도	소극적, 안정지향적	적극적, 변화지향적
수용의 방식	일방적 지시	합리적 설명
관리전략	예외에 의한 관리	영감, 비전의 제시 등 동기부여를 통한 변혁

(8) 새로운 리더십 유형

구분	특징
신속성론(신자질론)	① 1980년대 리더의 가치관이나 감정 등의 속성에 다시 집중하며 등장한 현대적 리더십 ⇨ 이전의 속성론(특성론, 자질론)과 비교할 때 리더의 보편적 자질 규명보다는 특별한 속성에 집중함 ② 대표적인 리더십이론으로 변혁적 리더십, 카리스마적 리더십, 문화적 리더십, 분배적 리더십, 서번트 리더십, 영감적 리더십, 촉매적 리더십 등
카리스마적 리더십	① 리더의 탁월한 개인적 능력, 자신감 등에 대한 신념을 기본으로 하는 리더십 ② 변혁적 리더십과 관련됨.
서번트 리더십	섬기는 리더십, 리더가 권력을 행사하는 것이 아니라 오히려 섬겨주는 것, 즉 다른 사람의 말을 들어주고, 동정심을 갖고, 활력을 불어 넣어주는 등의 리더십
임파워먼트 리더십	① 지휘체계에 따른 명령통제 < 실제 직무수행자들의 업무수행능력을 제고 ② 권한의 위임과 이양 ⇨ 책임 범위 확대

02 동기부여 이론

(1) 동기부여의 개념
① Movere(라틴어, 움직이게 하다)에서 유래. 조직의 목표 달성을 위해 구성원들을 지휘, 감독 및 방향을 제시하는 과정
② 조직의 성과 향상 → 조직 구성원의 욕구 만족 → 행동의 활성화, 행동의 유도, 동기유발 - 행동의 강화

(2) 동기부여의 특성
① 목표지향적 행동과 관련된다.
② 볼 수도 만질 수도 없는 심리적 과정이다.
③ 내면적 충동에서 시작된 행동과 관련되며 행동을 일으키는 것이 무엇이며, 어떻게 이루어지고 또한 왜 행동이 일어나는가 하는 원인과 관련된다.
④ 목표지향적인 행동과 관련된다.

(3) 내용이론과 과정이론의 비교

구분	내용	과정이론
특성	욕구/충동 확인 → 우선순위 고려 개인 내 심리구조를 다룸	동기부여 과정에서 발생하는 제 변수와 변수들의 상호연관성 검토 → 욕구가 행동으로 변환되는 과정
유형	욕구단계이론, ERG이론, 동기 - 위생이론, 성취동기이론, X-Y이론 등	기대이론, 공정성이론, 목표설정이론, 강화이론 등
강조점	'무엇이 사람들을 동기부여 하는가?' 동기부여요소 강조	'사람들이 어떻게 동기부여 되는가?' 동기부여방법 강조
제안	⊙ 어떤 욕구가 개인 및 집단의 행동을 일으키는가? ⓒ 욕구충족에 도움이 될 의미 있는 보상 제공 ⓒ 업적을 극대화하기 위해 언제 적절한 보상을 할 것인가?	욕구가 행동으로 변환되는 과정의 제 변수들을 관찰하고 검토

(4) 내용이론

내용이론	① 매스로우(A. Maslow)의 욕구 5단계(욕구계층이론) ② 알더퍼(C. Alderfer)의 ERG 이론 ③ 허즈버그(F. Herzberg)의 2요인 이론 ④ 맥클리랜드(D. C. McClelland)의 성취동기이론 ⑤ 맥그리거(D. McGregor)의 XY이론 ⑥ 아지리스(C. Argyris)의 성숙·미성숙이론
매슬로우 (A. Maslow)의 욕구 5단계 (욕구계층이론)	① 생리적 욕구 → 안전에 대한 욕구 → 소속의 욕구(사회적 욕구) → 존경에 대한 욕구 → 자아실현의 욕구 ② 동기로 작용하는 욕구는 충족되지 않은 욕구이며 이 욕구가 충족되면 동기로서 작용하지 않음

알더퍼 (C. Alderfer)의 ERG 이론	① 매슬로우의 욕구계층이론의 문제점을 수정 제시 ② 3가지 욕구 즉 생존욕구, 대인관계 욕구, 성장욕구로 설명 ③ 알더퍼의 3가지 욕구 정리			
	구분	생존욕구	대인관계욕구	성장욕구
	내용	매슬로우 이론에서의 생리적 욕구, 안전욕구에 해당	작업장에서의 타인과 대인관계에 관련된 모든 것(매슬로우의 사회적 욕구와 유사)	자기능력을 극대로 이용할 수 있을 뿐 아니라 새로운 능력 개발을 필요로 하는 일에 종사
허즈버그 (F. Herzberg)의 2요인 이론	① 매슬로우의 문제점을 극복하기 위해 제시된 이론, 인간에게 전혀 다른 두가지 욕구가 동시에 존재한다고 주장함 ② 만족의 반대는 불만이 아니라 무만족, 불만의 반대는 만족이 아니라 무불만이라고 설명됨 ③ 위생요인(불만족요인, X이론): 작업장의 환경, 분위기와 관련됨. 정책과 관리, 감독기술, 근무조건, 개인 간의 관계, 임금, 보수 등 근무환경요인에 해당 ④ 동기요인(만족요인): 직무요인으로 설명됨. 즉, 성취감, 책임감, 안정감, 승진, 직무 그 자체, 직무 확충 등을 말함.			
맥클리랜드 (D. C. McClelland)의 성취동기이론	① 작업환경과 관련된 3가지 주요한 동기와 욕구들이 있다고 주장함 ② 3욕구이론의 내용			
	구분		내용	
	① 권력욕구		다른 방식으로 행동할 수 없도록 타인을 행동하도록 만들려는 욕구	
	② 친화욕구		친근하고 가까운 인간관계에 대한 욕구	
	③ 성취욕구		남보다 뛰어나고, 표준에 따라 무언가 성취하고, 성공을 추구하려는 욕구	
맥그리거 (D. McGregor)의 XY이론	① X이론: 과학적 관리론, 고전적 조직이론에서 강조된 접근으로 경제적 보상이나 물질을 중시함 ② Y이론: 인간관계론, 신고전적 조직이론에서 중시, 심리적·감정적·정서적 요인과 같은 비합리적, 비경제적 측면을 중시하며 사회적 효율성 등을 강조함			
아지리스 (C. Argyris)의 성숙·미성숙이론	① 인간의 성격이 미성숙 단계에서 성숙 단계로 발전한다고 주장 ② 미성숙 모형: 수동적 활동, 의존적 상태, 단순한 행위, 변덕스러움, 단기적 전망, 자기의식 결여 ③ 성숙 모형: 능동적 활동, 독립적 상태, 다양한 행동, 깊고 많은 관심, 장기적 전망, 자기의식 및 자기규제 가능			

(5) 과정이론

과정이론	① 브룸(V. Vroom)의 기대이론 ② 아담스(J. S. Adams)의 공정성이론 ③ 로크(E. A. Locke)의 목표설정이론 ④ 포터와 롤러(L. Porter & E. Lawler)의 업적(또는 성과)·만족이론
브룸 (V. Vroom)의 기대이론	① 욕구충족과 동기유발 사이에는 어떤 주관적인 지각과정이 있고, 이에 따라 동기 또는 근무의욕이 발생한다는 이론 ② 종류: 기대감, 수단성, 유의성으로 설명됨 ③ 기대이론의 도식 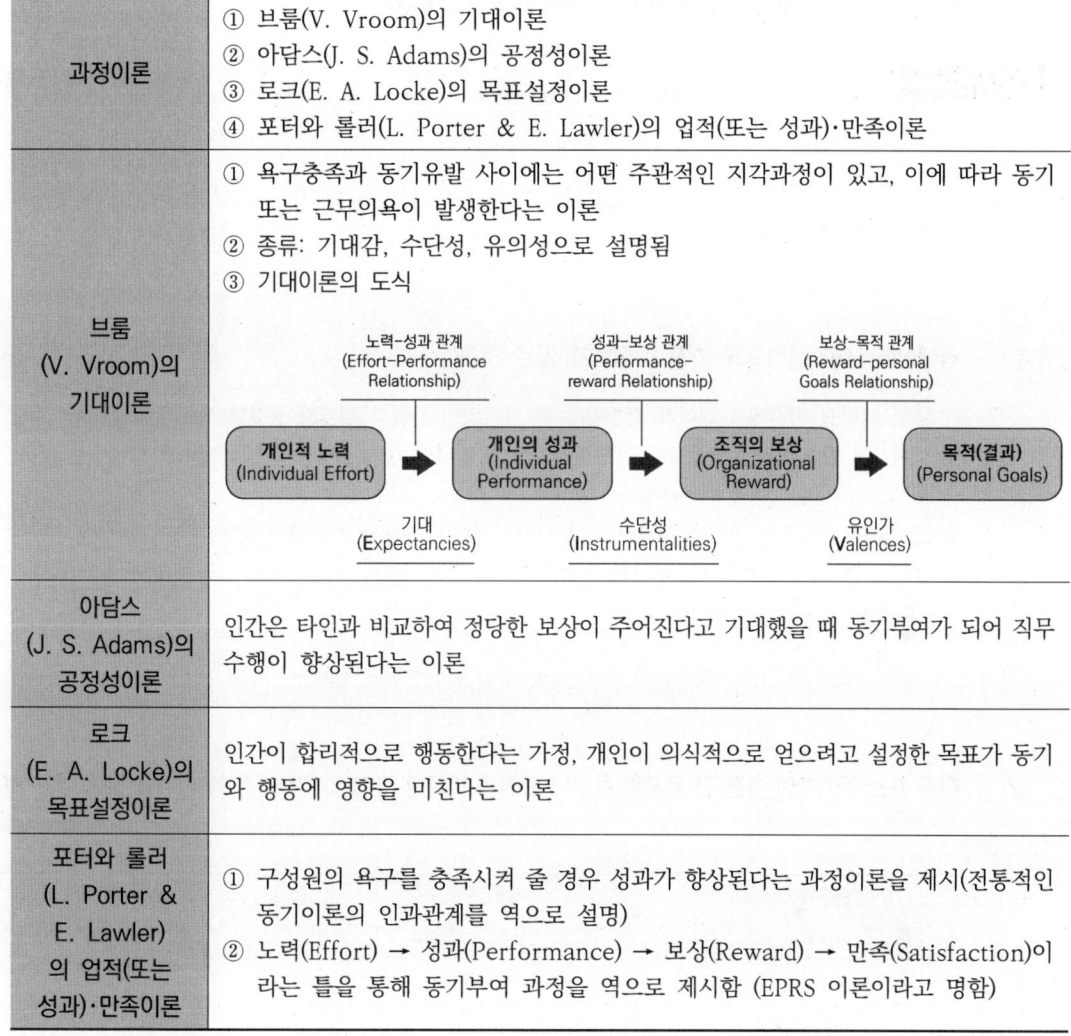
아담스 (J. S. Adams)의 공정성이론	인간은 타인과 비교하여 정당한 보상이 주어진다고 기대했을 때 동기부여가 되어 직무수행이 향상된다는 이론
로크 (E. A. Locke)의 목표설정이론	인간이 합리적으로 행동한다는 가정, 개인이 의식적으로 얻으려고 설정한 목표가 동기와 행동에 영향을 미친다는 이론
포터와 롤러 (L. Porter & E. Lawler) 의 업적(또는 성과)·만족이론	① 구성원의 욕구를 충족시켜 줄 경우 성과가 향상된다는 과정이론을 제시(전통적인 동기이론의 인과관계를 역으로 설명) ② 노력(Effort) → 성과(Performance) → 보상(Reward) → 만족(Satisfaction)이라는 틀을 통해 동기부여 과정을 역으로 제시함 (EPRS 이론이라고 명함)

제7장 기출문제 확인하기

제7장 리더십과 동기부여

001 리더십에 대한 설명으로 가장 적절하지 않은 것은? [2023. 행정 7급]

① 초기 리더십 이론에서 리더가 갖추어야 할 기본적인 자질과 행태가 중요한 연구대상이었다.
② 리더십에 있어 행태론적 접근은 공식적인 권위가 아니라 개인에 대한 관심과 배려를 보여주는 리더가 보다 효과적이라는 주장과 관련된다.
③ 행태론의 대표적인 연구로 리더십 격자모형은 리더의 행태를 사람과 상황의 통합으로 다룬다.
④ 리더십 효과는 리더와 구성원 관계, 과업구조, 그리고 리더의 직위에서 나오는 권력에 의존한다는 것이 피들러의 상황적합성 이론이다.

002 다음 표는 동기부여 이론 간 유사한 욕구나 관점을 비교한 것이다. (가)~(라)에 들어갈 말로 옳은 것은? [2021. 지방직]

욕구단계이론 (Maslow)	성취동기이론 (Mcclelland)	XY이론 (McGregor)
자아실현 욕구	(가)	(다)
존경 욕구	(나)	
사회적 욕구	친화 욕구	
안전 욕구		(라)
생리적 욕구		

	(가)	(나)	(다)	(라)
①	권력욕구	성취욕구	X이론	Y이론
②	성취욕구	권력욕구	X이론	Y이론
③	성장욕구	권력욕구	Y이론	X이론
④	성취욕구	권력욕구	Y이론	X이론

003 블레이크와 모튼(R.Blake and J.Mouton)의 관리격자 리더십이론 중 <보기>에 해당하는 리더십 유형으로 가장 옳은 것은?
[2020, 서울시 변형]

> **보기**
> 인간에 대한 관심은 높으나 생산에 대한 관심은 낮은 형으로 리더는 구성원끼리의 원만한 관계 및 친밀한 분위기 조성에 주력한다.

① 팀형
② 타협형
③ 과업형
④ 인기형

004 리더십 이론에 대한 설명들 중 시기적으로 가장 최근에 등장한 이론에 대한 설명으로 가장 옳은 것은?
[2018, 서울시]

① 모든 상황에 적합한 유일한 리더십 유형은 없다.
② 효과적인 리더는 그렇지 못한 리더와는 다른 일련의 특성을 지닌다.
③ 리더의 행동 유형을 기준으로 리더십을 3가지 유형으로 구분하였다.
④ 구조화와 배려라는 리더십의 개념을 기초로 리더의 행동 유형을 더욱 구체화하였다.

005 변혁적 리더십의 특성을 보여주는 행동은?
[2023, 지방직 변형]

① 구성원에게 장기적 전망, 부하들에게 장기적 목표를 위해 노력하도록 동기부여 한다.
② 구성원의 현상 유지를 위해 노력한다.
③ 구성원의 부하들에게 즉각적이고 가시적인 보상으로 동기부여를 한다.
④ 부하들은 규칙과 관례를 따르기를 좋아한다.

006 <보기>에서 설명하는 간호관리과정의 기능으로 가장 옳은 것은?
[2020, 서울]

> **보기**
> 미래에 대한 비전을 제시하고 직원에게 동기를 부여하며 갈등을 해결한다. 이 과정에 의사소통, 조정, 협력 등의 집단관리 기술이 요구될 수 있다.

① 조직
② 지휘
③ 기획
④ 통제

007 다음 글에서 설명하는 리더십 이론은? [2020, 지방직]

- 소수의 사람은 위대해질 수 있는 자질을 가지고 태어난다는 이론
- 리더십이란 타고난 것이지 개별될 수 없는 것으로 간주하는 이론

① 행동이론
② 특성이론
③ 상황이론
④ 거래적 리더십이론

008 <보기>에서 설명하는 의사소통 네트워크 방법에 해당하는 것은? [2019, 서울시]

보기
- 권한의 집중도는 낮음
- 의사결정의 수용도가 높음
- 의사소통의 속도가 빠름
- 구성원의 만족도가 높음

① 사슬형
② 수레바퀴형
③ Y 형
④ 완전연결형

009 리더십 이론 중 시기적으로 가장 최근에 등장한 이론에 해당하는 것은? [2018, 서울시 변형]

① 모든 상황에 적합한 유일한 리더십 유형은 없다는 것은 상황이론이다.
② 효과적인 리더와 그렇지 못한 리더는 각각 일련의 특성을 가진다는 특성이론이다.
③ 리더의 행동 유형에 따라 리더십의 유형을 3가지로 구분하였다.
④ 구조화와 배려라는 리더십의 개념을 기초로 리더의 행동 유형을 더욱 구체화한 것은 오하이오 주립대학의 행동이론이다.

010 다음은 브룸의 기대이론에서 제시한 기대이론의 주요 변수 중 하나에 대한 설명이다. 어떤 주요변수에 대한 설명인가?

[2016. 서울시]

> 특정 활동을 통해 어떤 것을 얻을 수 있는 확률을 의미하며, 0~1의 값을 가진다. 만약, 어떤 사람이 이 행동이 특정한 결과를 낸다고 믿는다면 1의 값을 가지고, 가능성이 없다고 지각되면 0의 값을 가지게 된다.

① 행동선택(choices)
② 유인가/유의성(valences)
③ 수단성(instrumentalities)
④ 기대(expectancies)

정답 001 ③ 002 ④ 003 ④ 004 ① 005 ① 006 ② 007 ② 008 ④ 009 ①
010 ④

제8장 통제

PRETEST OX퀴즈

1 간호조직에서 통제기능의 필요성은 간호인력의 업무수행 능력 개발에서 찾을 수 있다. [2020] O X

2 의료의 질을 구성하는 요소 중 접근성은 시간이나 거리 등의 요인에 의해 의료서비스 비용이 제한을 받는 정도를 말한다. [2017] O X

3 총체적 질관리는 전체 직원의 참여를 필요로 한다. [2011] O X

4 간호기록은 간호업무의 질 평가를 위한 구조적 접근법에 해당하는 항목이다. [2019] O X

5 의료기관 인증평가 중 평가단원이 환자와 보호자에게 '입원시 환자 권리와 책임에 대해 설명을 들으셨습니까?' '어떤 방법으로 설명을 들었습니까?'라고 질문하였다면 이는 도나베디안의 질 평가 접근법 중 결과적 접근법에 해당한다. [2015] O X

6 의료의 질 향상방법으로 제시되는 FOCUS-PDCA에서 '개선하고, 자료 수집 및 분석'을 하는 단계는 '시행'(DO) 단계에 해당한다. [2019] O X

7 카플란과 노턴에 의해 제시된 균형성과표의 구성요소에는 합법성 관점이 포함된다. [2008] O X

8 질관리 정도를 평가하기 위해 각 영역별 실제수행정도와 기대되는 수행정도를 점선, 실선 등으로 표시하여 그 차이까지도 볼 수 있는 도구는 레이다(Radar) 차트이다. [2020] O X

9 의료법에 따를 때 의료기관 인증기준에 포함되어야 할 사항으로 의료인과 고객의 만족도가 있다. [2020] O X

10 의료기관 인증에서 인증등급은 인증, 불인증으로 구분된다. [2019] O X

정답 및 해설

1 × 통제의 필요성은 조직규모의 증대, 조직구성원의 실수 및 오류 발생 가능성, 외부평가의 강화 및 간호조직의 목표달성 등이라고 볼 수 있다.
2 ○
3 ○
4 × 구조적 접근이 아닌 과정적 접근법에 해당한다.
5 × 과정적 접근법에 해당한다.
6 ○
7 × BSC(균형성과표)에는 4가지 관점, 즉 재무적 관점, 고객관점, 내부프로세스 관점, 학습과 성장관점이 있다.
8 ○ 여러 측정치에 대한 실제적인 수행 정도와 기대되는 수행정도 간의 차이를 보여주는 차트이다. 각 항목별로 원의 중심에서 멀수록 평가점수가 높다.
9 × 의료기관 인증 기준에는 환자의 권리와 안전, 의료기관의 의료서비스 질 향상 활동, 의료서비스의 제공 과정 및 성과, 의료기관의 조직·인력관리 및 운영, 환자만족도가 있다.
10 × 인증, 조건부인증, 불인증으로 구분한다.

01 통제의 이해

(1) 통제의 개념
① 조직의 목표 달성을 위해, 계획한 업무가 수행되고 있는가를 확인하고 계획과 차이를 수정하도록 하는 관리활동이다.
② 업무수행을 위해 설정한 목표 성취과정에서 필요한 교정적 행동을 적용하는 과정이다.
③ 간호조직에서 통제는 간호사들의 활동이 일정한 표준을 따르고 있는지를 지속적으로 검토·분석하여 처음에 세웠던 계획과의 차이를 발견하고, 이를 교정하고 반영한다.
④ 표준설정, 업무수행, 측정, 결과보고 및 교정활동을 하는 일련의 과정(Marriner-Tomy, 매리너-토미)

(2) 통제의 목적과 기능
① 조직의 효과적인 목표를 달성하기 위함이다.
② 표준설정, 업무수행 측정, 결과보고 및 교정활동을 한다.
③ 조직활동의 지속적 수행을 위한 관리과정의 하나다.

(3) 통제의 원칙
① 통제는 활동의 특성을 반영할 수 있도록 특정한 상황에 맞게 설계되어야 한다
② 모니터링 체계는 초기에, 그리고 중요한 시점에 확인되어야 한다.
③ 융통성 있는 대안의 선택으로 유연한 통제가 되도록 한다.
④ 조직구성원의 문화에 맞서서 이해할 수 있어야 한다.
⑤ 적절한 통제는 경제적인 면을 고려해야 한다.
⑥ 업무의 책임소재를 확인하여 교정행동이 가능해야 한다.
⑦ 목적적·경제적·객관적이어야 한다.
⑧ 미래지향적이어야 한다.
⑨ 구성원에게 이해될 수 있어야 한다.
⑩ 책임소재가 분명, 교정행동이 가능해야 한다.

(4) 통제의 기법
① 재무적 통제(예산의 평가)
  ㉠ 비용효과분석(CEA): 투입은 화폐단위로, 산출은 비화폐단위로 분석하는 방법이다. 프로젝트에 투입되는 비용과 그로 인한 효과를 고려하는 방법으로, 분석의 기준은 목표달성 정도를 나타내는 효과성이다.
  ㉡ 비용편익분석(CBA): 투입과 산출 모두가 화폐단위로 표현되며, 프로젝트에 투입되는 비용과 산출되는 편익을 고려하여 최선의 대안을 찾는 의사결정 기법으로, 분석의 지준은 효율성이다.
  ㉢ 기획예산제도(PPBS): 장기적인 계획수립과 단기적인 예산편성을 유기적으로 연관시킨다.
  ㉣ 작업망체계모형(PERT): 불확실한 상태에서 기획과 통제를 하는 데 사용되는 작업망 체계 모형(network system model)이다.
  ㉤ 주경로기법(CPM): 활동의 소요시간과 비용문제 해결을 위해 시도된 기법으로, PERT와 유사하나 프로젝트 완성을 위한 하나의 완성시간만 추정하는 것이 다르다.
  ㉥ 간트 차트(Gantt chart): 날짜별로 업무의 순서와 책임 등을 바(bar) 형태로 기록하여 전체 일정 및 업무의 흐름을 한눈에 파악할 수 있다.

⊙ 예산평가
- 목표에 의한 관리: 목표설정에 따라 예산을 배정한다. 투입과 효과를 비교 분석함으로써 계획대로 목적을 달성했는가를 평가한다.
- 영기준 예산: 비용효과분석을 통해 우선순위가 높은 활동에 예산을 배정한다. 예산 그 자체에 예산규모가 큰 제도이므로 공공조직에만 적용되는 경향이 있다.

② 관리감사제도
조직의 시스템(전체)과 하위 시스템(부분)을 검토함으로써 조직의 목적성취도, 능률성, 공익성을 평가하는 제도이다.

③ 인적자원 회계
조직에서 인적자원으로 보는 관점에서 직원들의 기술, 능력, 사기 등을 재산으로서 고려하는 것이다.

02 의료서비스 질 관리

(1) 의료의 질 구성요소

① 효과성(effectiveness): 건강수준의 향상에 기여한다고 인정된 의료서비스의 수행 정도이다.
② 효율성(efficiency): 의료서비스 제공 시 자원이 불필요하게 소모되지 않고 효율적으로 활용되었는지의 정도이다. 투입된 자원(최소) 대비 최대의 효과가 효율성이 최대화하는 방법이다. 최소자원의 투입으로 최대의 건강수준을 얻을 수 있는 정도이다.
③ 기술수준(technical quality): 가장 기본적인 요소로서 의료서비스의 기술적인 수준이다.
④ 접근성(accessibility): 시간이나 거리, 비용 등의 요인에 의해 의료서비스의 비용에 제한을 받는 정도이다. 지리·경제 등의 측면에서 쉽게 의료서비스를 이용할 수 있는 정도이다.
⑤ 가용성(availability): 필요한 서비스를 제공할 수 있는 여건의 구비 정도이다.
⑥ 적절성(적정성, optimality): 비용에 대한 상대적인 의료의 효과 또는 편익 정도이다. 건강개선과 그 건강개선을 얻는 비용 간의 균형 정도이다.
⑦ 합법성(legitimacy): 의료서비스가 윤리적 원칙, 가치, 규범, 풍속, 법과 규제 등 사회의 기대에 부합하는 정도이다. 사회의 선호도에 순응하는 정도로 이해된다.
⑧ 지속성(continuity): 의료서비스의 시간적·지리적으로 상관성을 가지고 연결되는 정도이다.
⑨ 적합성(adequacy): 대상 인구집단의 요구에 부합하는 정도이다.
⑩ 형평성(equity): 보건의료의 분배 및 대상집단에 대한 혜택에서의 공정성을 결정하는 원칙에 대한 순응 정도이다.
⑪ 이용자 만족도(consumer satisfaction): 의료서비스에 대한 이용자의 판단이다.

(2) 의료의 질 구성요소(Donabedian)

구성요소	정의
효능성 (efficacy)	의료서비스가 이상적인 상황에서 기대되는 결과를 나타낼 수 있는 능력
효과성 (effectiveness)	의료서비스가 기대되는 결과를 나타내는 능력으로, 일상적인 환경에서 성취할 수 있는 건강수준의 향상
효율성 (efficiency)	어떤 효과를 얻기 위하여 사용되는 비용과 그 효과 간의 관계를 나타낸 것으로, 의료서비스 제공 시 필요한 자원이 효율적으로 활용되었는지에 대한 정도
적정성 (optimality)	비용에 대한 상대적인 의료효과 및 편익(benefits)
수용성 (acceptability)	의료효과에 대한 환자와 환자 가족의 기대로서, 의료의 접근성, 환자와 의료제공자 간의 관계, 쾌적한 환경, 의료효과 및 의료비용에 대한 환자의 선호도 등이 포함
합법성 (legitimacy)	윤리적 가치, 규범, 법 등 사회적 기준과 개인의 수용성 일치 정도
형평성 (equity)	보건의료의 분배 및 대상 집단에 대한 편익의 공평성

(3) 의료의 질 향상
   ① 질 향상 활동과정
      ㉠ 문제 발견
      ㉡ 우선순위 결정: 문제가 파악되면, 개선활동을 위한 주제의 우선순위를 결정한다. 주제 선정의 우선순위는 활동의 효과가 크고, 활동목표에 대한 조직구성원의 의견일치가 쉽고, 성공가능성이 높으며, 관련 자료를 구하기 쉽고, 너무 오랜 시간이 걸리지 않은 것 등을 고려한다.
      ㉢ 문제 분석: 문제의 원인과 관련 요인을 파악하기 위해 문제를 체계적으로 정의하고 진단하는 과정이다.
      ㉣ 질 관리 연구(문제에 대한 심층연구): 문제에 대한 심층연구 단계로, 문제를 확인하고 적절한 개선방안을 찾기 위해 관련 원인을 분석한다.
      ㉤ 개선과제 규명과 활동계획 수립: 질 향상 목적을 설정하고 실무표준과 측정 가능한 환자결과를 설정된 목적에 포함시킨다.
      ㉥ 개선과제 수행
      ㉦ 지속적인 모니터링과 문제의 재평가
   ② 의료의 질 관련 주요 용어
      ㉠ 질 평가
      ㉡ 질 보장
      ㉢ 질 향상
      ㉣ 총체적 질관리
      ㉤ 표준
      ㉥ 위험관리

(4) 질 향상 활동 방법
   ① PDCA cycle(deming cycle)
      ㉠ 지속적인 품질개선을 위해 변화를 수행하는 과정이다.
      ㉡ P(plan) - D(do) - C(check) - A(act)의 단계로 반복된다.
   ② FOCUS - PDCA
      ㉠ Fine: 개선이 필요한 과정을 발견하는 것(발견)
      ㉡ Organize: 과정을 파악하고 있는 팀을 조직하는 것(조직)
      ㉢ Clarify: 과정에 대한 현재의 지식을 명확히 하는 것(명확화)
      ㉣ Understand: 과정의 변화가 필요한 이유를 이해하는 것(이해)
      ㉤ Select: 과정의 개선사항을 명확히 하는 것(선택)
      ㉥ Plan: 개선과 자료수집을 명확히 하는 것(계획)
      ㉦ Do: 개선, 자료수집, 자료분석을 실행하는 것(시행)
      ㉧ Check: 실행을 통한 개선과정의 자료를 점검하는 것(점검)
      ㉨ Act: 이익을 유지하면서 개선을 지속하는 것(실행)
   ③ 6시그마(six sigma)
      ㉠ 통계적 척도를 활용하여 프로세스의 품질을 정량적으로 평가하고 개선하는 체계이다. 통계적 프로세스 관리에 의존한다.

ⓒ 의료기관에서 경쟁력 확보, 지속적 성장과 더불어 고객만족, 고객 중심의 사고로의 전환, 성장중심에서 효율중심으로의 전환을 위해 6시그마 전략이 도입되었다.
ⓒ 고객만족과 품질혁신을 달성하기 위해 전사적으로 실행하는 21세기형 기업 경영전략이다.
ⓔ 조직 내의 다양한 문제를 구체적으로 정의하고 현재 수준을 계량화하고 평가한 다음 개선하고 이를 유지관리하는 기법이다.
ⓜ 프로세스에서 불량과 변동성을 최소화하면서 기업의 성과를 최대화하려는 종합적이고 유연한 시스템이다.
ⓗ 6시그마 수행절차(DMAIC): 질 평가에 영향을 주는 프로세스를 발견하여 발생한 결함을 정확히 측정하고 결함이 왜 발생하는지 분석한 후, 개선활동을 수행하고 그 결과를 조직차원에서 유지·관리하는 것을 의미한다.

1단계	정의 (Define)	문제를 제기하는 단계
2단계	측정 (Measure)	문제를 추출하는 단계
3단계	분석 (Analysis)	통계적 해석단계
4단계	개선 (Improve)	해결방안을 찾아 적용하는 단계, 문제를 실제적으로 개선하는 단계
5단계	관리 (Control)	개선된 결과를 지속적으로 유지하기 위하여 관리

④ 린(lean)
ⓐ 업무 프로세스에서 낭비를 발생시키는 요소를 철저히 제거하여 최소한의 자원만으로 고객에게 더 가치있는 요소를 강조한다.
ⓑ 린(lean)은 '날씬한, 군살 없는'이란 뜻으로 불필요한 낭비요소를 제거하여 지속적인 비용 절감과 자원을 관리하는 것을 말한다.
ⓒ 린을 사용해서 대기시간과 위험한 지연을 줄임으로써 의료 제공의 시기 적절성을 높이고, 프로세스상의 낭비요소를 제거함으로써 의료제공의 효율성을 높일 수 있다.
ⓓ 6시그마 모델이 공정능력의 개선과 변이의 감소에 초점을 둔 품질개선을 목표로 하였다면, 린은 생산흐름과 낭비 제거에 초점을 둔 방법론이다. 두 가지 방법론 모두 자료를 수집하고 절차를 분석하는 활동을 최우선 과제로 둔다.
ⓔ 린의 핵심 4원칙: '고객에게 완벽한 가치를 제공하는 것'
- 낭비를 제거하고 가치 있는 활동만 유지한다.
- 가치 있는 활동을 개선하는 데 집중한다.
- 고객의 목소리에 응대한다
- 조직 전체의 절차를 최적화한다.
ⓗ 린 프로젝트 8단계 수행절차
- 1단계: 고객의 관점에서 무엇이 문제인가 의문점을 제기한다.
- 2단계: 현재의 업무절차를 파악하기 위해 흐름도를 작성해 보고, 문제가 되는 정보를 수집한다.

- 3단계: 구체적인 개선사항을 정량화하기 위해 문제가 얼마나 자주 발생하는지, 그것이 어떻게 고객에게 영향을 미치는지 파악한다.
- 4단계: 근본원인을 조사하기 위해 관련자에게 왜 문제가 발생하는지 인터뷰한다.
- 5단계: 개선점 또는 개선절차를 작성한다.
- 6단계: 개선절차의 실행계획, 업무순서, 책임소재, 기한 등을 설정한다.
- 7단계: 개선계획의 시행결과를 예측, 어떻게 데이터를 수집할 것인가를 결정한다.
- 8단계: 개선계획 실행 후 결과를 측정하고 예측 내용과 비교한다.

⑤ 린 6시그마(Lean Six Sigma, LSS)
 ㉠ 린 6시그마는 고객만족, 비용, 품질, 프로세스 속도, 투자 자본을 개선시킴으로써 기업 가치를 높이기 위한 방법론이다.
 ㉡ 프로세스를 통계적으로 공정상태로 유지하기 어렵고 6시그마가 가지고 있는 장점과 린의 장점을 결합하고, 서로 간의 단점을 보완하기 위해 린과 6시그마를 부분적으로 결합한 것이다. 6시그마의 품질과 린의 속도와 비용에 초점을 두는 경영 혁신 방법론이다.
 ㉢ 질에 대한 세 가지, 즉 지연, 결함, 일탈과 관련된 구체적인 문제들을 해결하기 위한 일종의 사고방식이다.

⑥ 벤치마킹(benchmarking)
 ㉠ 최상의 성과를 낸 조직과 비교하여 생산, 수령, 서비스를 측정하는 과정이다.
 ㉡ 성과를 낸 기관들과의 성과 차이의 원인과 방법을 확인할 수 있어 역할 모델로 이용한다.
 ㉢ 조직성과로 요구되는 표준을 확인하기 위한 도구이다.

⑦ 균형성과표(BSC; Balanced Score Card)
 ㉠ 비전과 전략: 기업이 추구하는 장기적 목표와 바람직한 미래상이다. 고객지향성과 경쟁우위 창출이 핵심이다.
 ㉡ 조직가치 창출의 원천 또는 전략적 성과지표들의 묶음으로 정의될 수 있으며 기업의 상황에 따라 달라지는 것이 가능하다.
 ㉢ 재무적 지표와 비재무적 지표를 함께 반영하여 조직체의 과거 성과를 측정하고 조직체의 현재와 미래의 가치를 평가하는 시스템이다.
 ㉣ 균형성과표의 4가지 관점

재무적 관점	매출이나 수익성 측면에서 어느 정도의 성과를 달성했는지 나타내는 것이다. 대표지표로서: 투자수익률, 경제적 부가가치, 수익성 등이 있다.
고객 관점	목표로 삼은 고객과 세부시장을 규명한 후 고객과 세부시장에 대한 목표와 측정지표를 규명한다. 측정지표는 시장점유율, 고객확보율, 고객수익성, 고객유지율, 고객만족도 등이다.
내부 프로세스 관점	재무적 목표와 고객 목표를 달성하는 데 가장 핵심이 되는 내부 비즈니스 프로세스를 규명한다. 조직체 내의 투입요소(원재료, 정보, 사람 등)를 산출요소(제품, 서비스 등)로 변환시키는 과업이나 활동들을 개선하고 개발한다. 이에 대한 지표: 프로세스 타임, 프로세스 품질, 프로세스 원가 등이다.
학습과 성장관점	장기적인 성장과 가치 창조를 위해 필요한 목표와 측정지표를 개발한다. 앞의 세 가지 관점에서 설정한 목표를 성취하는 데 필요한 조직의 학습과 성장 역량을 촉진한다. 대표 지표는 직원의 역량·정보시스템 역량·조직역량 등이다.

⑧ FADE(Focus - Analysis - Develop - Execute) 모델
  ㉠ 문제선택: 문제점을 나열해 보고 우선순위에 대한 합의를 통해 해결하고자 하는 문제를 선택
  ㉡ 분석: 선택된 문제에 대한 기존의 상황과 패턴에 대한 자료를 수집하여 분석하고 문제에 영향을 미치는 요소들을 확인, 기본자료 및 조사·분석된 자료를 정리
  ㉢ 실행계획 수립: 선택된 문제에 대한 기존의 상황과 패턴에 대한 자료를 수집하여 분석하고 문제에 영향을 미치는 요소들을 확인, 기본자료 및 조사·분석된 자료를 정리
  ㉣ 실행: 실행계획에 따라 역할을 맡기고, 그 실행에 대한 효과를 모니터링, 조직적인 실행과 수행에 대한 평가와 결과를 제시

(5) **간호의 질 관리 접근법**
  ① 구조적 접근
    ㉠ 개념
      - 자원, 작업환경 등을 구조라고 한다. 질관리 접근에서 구조적 접근은 의료를 제공하는 데 필요한 인적·물적·재정적 자원의 측면에서 각각의 항목이 표준에 부합하는지를 평가하는 것이다.
      - 간호가 제공된 상황, 즉 어떤 상황에서 간호를 제공하는지를 평가하는 것으로서 조직의 철학, 목표, 기관의 면허, 재정적 자원, 물리적 설비, 직원배치 유형, 직원의 자질, 감독방법 등을 파악하여 평가한다.
      - 바람직한 간호행위 수행에 필요한 모든 인력, 시설, 소비품, 그 기관의 간호철학, 목표, 행동, 간호지침이 이에 속한다.
      - 구조적 평가의 예
        • 적정간호 인력이 배치되어 있는가?
        • 병동에 안전관리 매뉴얼이 비치되어 있는가?
        • 입원환자 5명당 2명의 간호사가 확보되어 있는가?
        • 신규간호사 오리엔테이션 프로그램이 개발되어 있는가?
        • 간호직원의 책임과 직무분석이 서면화되어 있는가?
        • 응급실 내 간호사와 보조인력의 수는 적정한가?
        • 환자의 응급실 체류시간과 환자분류체계는 적정한가?
        • 근거중심 간호연구센터 설치 및 전담 인력 배치 유무
        • 간호실무 수행방법의 표준과 규칙 마련 여부
  ② 과정적 접근 방법
    ㉠ 개념
      - 서비스 제공자와 환자 간에 혹은 이들 내부에서 일어나는 행위에 관한 것을 과정이라고 한다. 어떤 활동을 했는지를 평가하는 것으로, 간호과정의 운영을 측정하는 기준을 설정하여 그에 대한 평가결과를 반영한다.
      - 간호의 실제 수행, 즉 간호사가 환자와 상호작용을 하는 간호활동을 평가한다.
      - 간호과정 그 자체의 단계인 사정, 진단, 계획, 수행, 평가의 요소를 포함한다.
      - 과정표준들은 환자의 간호계획과 활동지침서 또는 간호지침서 내에 문서화될 수 있다.
      - 과정적 평가의 예
        • 간호사는 투약 시 5가지 기본 규칙(5R)을 올바르게 지켰는가?
        • 간호사는 환자에게 간호행위를 수행할 때 친절했는가?
        • 환자가 동통, 오심, 구토 등을 호소할 때 간호사가 주의집중을 했는가?

- 간호목표의 설정과 간호계획 시 환자와 의논하였는가?
- 응급실에 들어온 지 30분 내의 환자의 문제사정과 기록
- 환자의 체위를 반좌위로 유지한다.
- 금식기간 동안 처방된 수액을 주입한다.
- 수술 후 24시간 후 환자의 조기 이상을 격려한다.
- 환자안전 문제 발생시 12시간 이내 적정진료관리실에 보고 여부
- 환자 교육 실시와 관련된 기준과 표준
- 간호활동과 관련된 기준과 표준
- 응급환자 분류기준에 따른 간호사의 정확한 환자분류와 기준
- 환자에게 냉가습기를 적용한다.

③ 결과적 접근
  ㉠ 개념
    - 개인 및 집단의 건강상태가 얼마나 변화되었는지를 보는 것이다.
    - 서비스 관련 목표들이 얼마만큼 달성되었는지를 판단하여 조사한다.
    - 제공된 또는 환자가 제공 받은 간호서비스의 결과에 초점을 두는 환자 중심의 평가라고 볼 수 있다.
    - 합병증 유무, 사망률, 이환율, 재발률, 유병률, 지식 유무, 치료계획의 순응 여부, 태도, 환자만족도, 환자의 기능 수준, 재원기간, 건강유지 능력 등을 평가하는 것이다.
    - 급성기 의료기관에 대해서는 낙상률, 감염률, 욕창 발생률, 신체억제법 적용 건수 등이 속한다.
    - 결과적 접근의 예
      - 환자는 간호의 결과에 어느 정도 만족하는가?
      - 입원환자 수, 재원기간, 병상점유율, 활동정도, 자각하는 기술, 환자의 건강상태의 변화, 환자의 지식, 외래방문, 환자의 자가간호능력, 수술 후 합병증이 예방된다.

(6) **간호표준**(nursing standard)
  ① 개념
    ㉠ 간호의 구조·과정·결과적 접근에 있어서 서비스의 질을 평가할 기준이다.
    ㉡ 업무수행 모델을 포함하는 우수한 수준이나 기본조건을 의미한다.
    ㉢ 표준이 목표가 되면 기획에서 활용될 수 있고, 결과(성과) 평가수단으로 이용할 경우에는 통제의 근거로 활용될 수 있다.
    ㉣ 표준 자체가 평가도구는 아니다. 간호표준은 서비스의 질 측정을 위해 표준척도를 제공하는 것이다.
  ② 간호표준의 설정 목적은 간호의 질 향상, 비용절감, 간호태만의 확인 등으로 요약된다.
  ③ 간호업무표준의 유형
    ㉠ 규범적 간호표준과 경험적 간호표준
      - 규범적 간호표준: 어떤 권위적인 집단에 의해 '옳은 것' 또는 '이상적인 것'으로 생각되는 실무를 말한다.
      - 경험적 표준: 환자를 관리하는 많은 기관에서 실제로 관찰될 수 있는 업무
    ㉡ 구조표준, 과정표준, 결과표준
      - 구조표준: 의료기관에서 간호가 행해지는 조직적 구조와 다른 부서들 간의 바람직한 관계에 관한 기준으로 조직 또는 집단지향적이다.

- 과정표준: 특정 간호중재에 대한 바람직한 방법으로, 구체적으로 만들어 놓은 기준이다. 간호사 지향적이며, 간호가 시행되는 과정이나 일련의 사건과 관련이 있다.
- 결과표준: 바람직한 환자관리의 결과에 대한 설명적인 진술로서 간호중재의 결과로 나타난 결과이며, 환자지향적이다.

(7) **기준(criteria)**
① 표준의 달성 정도를 측정할 수 있게 하는 관찰 혹은 측정 가능한 특정 요소이다.
② 간호중재나 환자행동 및 환자에게 나타난 임상현상에 대한 객관적 진술로, 하나 이상의 지표에 의해 평가된다.

(8) **지표(indicator)**
특정 기준의 달성 정도를 객관적으로 측정할 수 있게 하는 구체적이고 관찰 및 측정 가능한 요소이다.

(9) **질관리 분석도구**
① 원인결과도(특성요인도, 물고기뼈 그림, fishbone diagram)
  ㉠ 일의 결과와 그것에 관련된 요인을 계통적으로 나타낸 것이다. 결과에 어떤 요인이 어떤 관계로 영향을 미치는지 연결하여 원인을 알 수 있다.
  ㉡ 문제에 대한 가능한 모든 요인을 찾아내 규명하여 도식화함으로써 근원적 문제해결을 시도한다.
  ㉢ 원인의 분류

5M & E	4P	다른 대안(기타)
① 인력(Manpower)	① 정책(Policies)	① 방법(Method)
② 방법(Method)	② 과정(Procedures)	② 인력(People)
③ 물자(Materials)	③ 인력(People)	③ 정보(Information)
④ 장비(Machine)	④ 시설(Plant)	④ 물자(Materials)
⑤ 측정(Measurement)		⑤ 시설(Plant)
⑥ 환경(Environment)		

  ㉣ 원인결과도의 장점
    - 토론이 가능하고 그림을 만드는 과정에서 서로 배울 수 있게 한다.
    - 불평과 부적절한 토론을 줄이고 문제를 집약할 수 있다.
    - 원인에 대한 적극적인 탐색을 가능하게 한다.
    - 자료를 수집해야 하는 경우가 흔하고, 과정에 대한 이해의 수준을 나타낸다.
    - 어떤 종류의 문제에 대해서도 활용할 수 있다.
② 흐름도(flow chart)
  ㉠ 특정한 업무과정에 필요한 모든 단계를 도표로 표시하거나 미리 정의된 기호와 연결된 선을 사용하여 그린 도표로 표시한 것으로, 순서도 또는 플로차트라고도 한다.
  ㉡ 어떤 생산이나 서비스상에서 과정이나 절차의 실제 상황을 순서대로 정확하고 이해하기 쉬운 형태로 도식화하는 것이다.
  ㉢ 흐름도의 장점
    - 프로세스를 기록하기에 적당하고, 프로세스를 논리적으로 요약할 수 있다.
    - 세부화 정도를 여러 가지로 검토할 수 있다.
    - 프로세스에 대한 자신의 이해가 불충분함을 인식할 수 있다.

- 최종적인 서비스나 산출물에 자신이 어떻게 기여하는지를 관찰할 수 있다.
- 프로세스 내 담당자 사이에 상호존중과 상호이해를 가능하게 한다.
- 업무수행 단계별 목적과 가치, 결과를 검토하는 데 유용하다.
- 현재의 프로세스뿐 아니라 이를 대체할 프로세스 등과의 비교에도 유용하다.

③ 히스토그램(histogram)
 ㉠ 도수분포를 나타내는 그래프로, 관측한 데이터의 분포가 한눈에 확인되도록 기둥모양으로 나타낸 것이다.
 ㉡ 막대그래프를 통해 자료의 분포양상을 명확하게 제시할 수 있다.
 ㉢ 특성별 측정의 빈도와 비율 등을 막대그래프로 나타내어 자료의 분포양상을 명확하게 제시하기 위한 도표로, 시간적 자료 보존이 어려워서 런차트나 관리도가 불가능할 때 주로 사용되며, 연속성 변수에만 사용되는 질 관리 분석도구이다.

④ 파레토차트(pareto chart)
 ㉠ 막대그래프의 특별한 형태로, 문제와 관련해서 영향력이 큰 요인의 순서로 막대그래프를 그린 다음 막대그래프 위에 각 요인의 누적량을 연결한 꺾은선 그래프를 동반한 그래프이다.
 ㉡ 80%의 대부분의 문제는 20% 정도의 적은 요소에 의해 발생한다는 이론(파레토의 원리)을 이용해 효과적 질 관리를 하는 방법이다.

⑤ 런 차트(run chart)
 ㉠ 일정 기간 동안 업무과정의 성과를 측정한 관찰치를 통하여 업무의 흐름이나 경향을 조사할 목적으로 사용한다.
 ㉡ 일정 기간 동안 하나 이상의 업무과정에 대한 경향 및 변화, 주기를 파악하기 위해 성과를 모니터한다.
 ㉢ 시간의 경과에 따른 변화를 그림으로 나타내며, 이러한 변화가 일어나는 특별한 원인을 더욱 쉽게 발견할 수 있도록 해 준다.

⑥ 관리도(control chart)
 ㉠ 관리도는 변이와 원인을 조사함으로써 업무수행 과정에서 발생되는 문제를 지속적으로 관찰하고 조절하여 이를 향상시킬 목적으로 사용한다. 런차트의 기본 자료 위에 통계적인 방법으로 도출된 상한선과 하한선을 표시하여 변이의 의미를 파악한다.
 ㉡ 관리도와 런차트는 일상적인 업무에서 일상적인 변이로부터 특정 원인을 구별하도록 한다.
 ㉢ 통계적으로 관리한계선을 결정하기 위한 단순한 방향도표이다.
 ㉣ 관리한계는 각각의 측정치들이 평균에서 많이 벗어나는지를 판단해 줌으로써 과정변화를 보여준다.

⑦ 산점도(scatter gram)
 ㉠ 두 변수들 간의 상관관계를 확인하는 데 사용하고, 독립변수(X축)과 종속변수(Y축)를 두어 각 변수의 흩어져 있는 양상을 보고 상관관계를 파악한다.
 ㉡ 두 변수의 관계가 시각적으로 표현되어 변수간의 관계 분석이 이루어진다.(상관분석, 회귀분석)

⑧ 레이다 차트(radar chart)
 ㉠ 여러 종류의 측정치에 대한 실제적인 수행정도 뿐 아니라 기대되는 정도 간의 차이를 볼 수 있다.
 ㉡ 점선은 기대되는 수행정도, 실선은 실제 수행결과를 나타내어 기대와 실제 간의 격차를 쉽게 확인할 수 있고, 각 항목별로 원의 중심에서 멀수록 평가점수가 높다.

03 의료기관 인증제도

(1) 의료기관 인증제도/기준
① 의료기관 인증제도는 의료의 질 향상과 환자안전 수준의 제고를 위해 시행되었다.
② 인증의 기준은 의료기관의 기능과 의료서비스 제공과정을 중심으로 설계되었다. 환자 추적조사방법을 적용하고, 조사위원의 전문성을 바탕으로 포괄적으로 평가한다.
③ 의료·서비스 질 향상 및 환자안전 수준 제고를 위해 의료기관서비스평가제도(1994) → 의료기관평가(2002) → 의료기관평가인증제도(2010)가 도입되었으며, 재단법인 의료기관평가 인증원을 설립하여 보건복지부로부터 관련 업무를 위탁·수행한다.
④ 의료기관이 제공하는 의료서비스의 질을 개선 촉진하기 위해 병원급 의료기관이 자율적으로 의료기관평가인증원으로부터 인증받게 되었다.

(2) 인증제도의 의의
① 국가 및 소비자의 측면에서 볼 때 인증기준을 통과하는 병원의 의료서비스 수준이 발전하여 국민의료에 발전에 기여할 수 있다. 또한 인증의료기관의 증가로 의료의 불균형적 분포가 완화될 수 있다. 환자들의 의료기관에 대한 환자만족도가 증가할 수 있다.
② 의료기관의 경우 자발적인 질 향상 노력이 유도되어 환자안전 수준 제고와 의료의 질 향상을 도모할 수 있다. 또한 의료사고가 줄고, 기록 누락 등을 방지할 수 있을 것이다.

(3) 의료기관 인증기준(의료법 제58조의 3)
① 환자의 권리와 안전
② 의료기관의 의료서비스 질향상 활동
③ 의료서비스의 제고과정 및 성과
④ 의료기관의 조직·인력관리 및 운영
⑤ 환자 만족도

(4) 의료기관인증의 방법
① 병원신임제도
어떤 의료기관이 미리 정해진 기준에 의해 이를 충족하고 있는지 여부를 조사하는 것이다. 이 기준은 최소기준을 적용하게 된다. 병원신임제도의 일반적인 목표는 공중에 대한 위험 예방, 최소기준의 의료보증, 의료서비스의 효율성 향상이다.
② 의료이용 감사제도 (UR; Utilization Review)
㉠ 병원신임제도와 함께 미국 의료 질 관리의 대표적 사업으로, 병원들이 노인의료보험제 도와 국민의료보조제도에 참여하기 위해 UR 사업을 시행하도록 요구하였다.
㉡ 사람, 건물, 공간, 시간, 금전, 기기 등 자원사용의 적절성과 활용도를 평가하는 활동을 한다.
③ 동료심사기구(PRO: Peer Review Organization): 의료이용 감사(UR)를 하는 조직으로서 메디케어 환자의 진료가 의학적으로 필요한 것인지, 적절한 환경에서 의료서비스가 제공되는지, 전문가들이 설정한 기준을 충족시키는지 확인하고 보장하는 것을 목적으로 한다.

(5) 의료기관인증위원회(의료법 제58조의2)
　① 보건복지부장관은 의료기관 인증에 관한 주요 정책을 심의하기 위하여 보건복지부장관 소속으로 의료기관인증위원회(이하 이 조에서 "위원회"라 한다)를 둔다.
　② 위원회는 위원장 1명을 포함한 15인 이내의 위원으로 구성한다.
　③ 위원회의 위원장은 보건복지부차관으로 하고, 위원회의 위원은 다음의 사람 중에서 보건복지부장관이 임명 또는 위촉한다.
　　㉠ 제28조에 따른 의료인 단체 및 제52조에 따른 의료기관단체에서 추천하는 자 5명
　　㉡ 노동계, 시민단체(「비영리민간단체지원법」 제2조에 따른 비영리민간단체를 말한다), 소비자단체(「소비자기본법」 제29조에 따른 소비자단체를 말한다)에서 추천하는 자 5명
　　㉢ 보건의료에 관한 학식과 경험이 풍부한 자
　　㉣ 시설물 안전진단에 관한 학식과 경험이 풍부한 자 3명
　　㉤ 보건복지부 소속 3급 이상 공무원 또는 고위공무원단에 속하는 공무원 1명
　④ 위원회는 다음의 사항을 심의한다.
　　㉠ 인증기준 및 인증의 공표를 포함한 의료기관 인증과 관련된 주요 정책에 관한 사항
　　㉡ 제58조 제3항에 따른 의료기관 대상 평가제도 통합에 관한 사항
　　㉢ 제58조의7 제2항에 따른 의료기관 인증 활용에 관한 사항
　　㉣ 그 밖에 위원장이 심의에 부치는 사항
　⑤ 위원회의 구성 및 운영, 그 밖에 필요한 사항은 대통령령으로 정한다.

(6) 인증등급 판정기준(급성기 병원 기준)
　① 조사항목 충족기준(상/중/하 혹은 유/무)

조사결과	점수	점수화기준	조사결과	점수	점수화기준
상	10점	90% 이상	유	10점	100%
중	5점	60% 이상~90% 미만			
하	0점	60% 미만	무	0점	100% 미만

　　㉠ 조사항목의 충족률에 따라 상/중/하로 평가되어 점수화된다.
　　㉡ 조사항목 대부분은 '상/중/하'로 되어 있고, 일부 조상항목만 '유/무'로 되어 있다.
　　㉢ '상'은 조사항목 충족률이 90% 이상, '중'은 충족률이 60% 이상, '하'는 충족률이 60% 미만이다.
　　㉣ '유'는 조사항목 충족률이 100%, '무'는 충족률이 100% 미만이다.

② 4개 영역(Domain), 13개 장(Chaptert), 91개 기준(Standard), 520개 조사항목(Measurable Element; ME)

등급	종별	1. 필수항목	조사항목 평균점수			비고
			2. 전체	3. 기준별	4. 장별	
인증	병원	'하' 없음	8점 이상	모든 기준 5점 이상	모든 장 7점 이상	1~4 모든 조건 충족해야 함
	종합병원					
	상급종합병원		9점 이상		모든 장 8점 이상	
불인증	병원	'하' 1개 이상	7점 이상	5점 미만 3개 이상	7점 미만 1개 이상	1~4 중에서 한 개라도 해당되면 불인증
	종합병원			5점 미만 2개 이상		
	상급종합병원		8점 이상	5점 미만 1개 이상	8점 미만 1개 이상	
조건부 인증	필수 항목에서 '하'가 없으면서, 조사항목 평균점수(전체, 기준별, 장별)가 인증과 불인증 인증에 해당되지 않는 모든 경우					

③ 인증등급 및 인증기간
  ㉠ 인증등급은 인증, 조건부인증 및 불인증으로 구분한다.
  ㉡ 인증의 유효기간은 4년, 조건부 인증의 경우에는 유효기간을 1년으로 한다.

(7) **인증절차**
  ① 의료기관의 의료 질 향상에 대한 자발적 의지를 가지고 조사신청을 요청한다.
  ② 희망조사일은 인증조사 신청일로부터 2개월 이후부터 가능하다.
  ③ 인증원에서는 훈련된 조사위원이 인증기준에 따른 충족 여부를 조사한다.
  ④ 조사 마지막 날로부터 60일 이내에 인증심의위원회를 개최하고 등급 결정을 한다.
  ⑤ 인증등급 결정
  ⑥ 의료기관은 30일 이내에 결정된 등급에 대해 2차 이의신청이 가능하다.
  ⑦ 조건부인증이 취소되면 1년 이내에 인증신청을 할 수 없다.
  ⑧ 인증전담기관의 장은 인증신청 접수대장과 인증 시 교부대장을 작성하여 최종기재일로부터 5년간 보관하여야 한다.

04 환자안전

(1) 개념
① 의료 제공시 오류의 예방 및 오류로 인하여 환자에게 발생하는 손상의 제거, 완화 또는 의료와 관련된 불필요한 위해의 위험을 최소한으로 낮추는 것이다.
② 세계보건기구(WHO)
"의료와 관련된 불필요한 위해(harm)의 위험을 가능한 최소 수준으로 감소시키는 것"으로 정의하였다.
③ 미국의학원
사고로 인한 손상이 없도록 오류의 가능성을 최소화하고 오류가 발생했을 때 이를 차단할 가능성을 최대화할 수 있게 운영시스템과 프로세스를 설정하여 환자안전을 보장하는 것이다.

(2) 환자안전 관련 용어
① 오류(error)
  ㉠ 바람직하지 못한 결과를 가져오거나 그럴 가능성이 높은 것으로, 잘못된 것을 행하거나 해야 할 것을 하지 않은 것을 포함한다.
  ㉡ 계획한 행동을 의도한 대로 완료하지 못한 것 또는 목적달성을 위한 계획을 잘못 세운 것이다.
② 근접오류(near miss)
  ㉠ 의료오류가 있었지만 의료사고로 이어지지 않은 사건을 말한다.
  ㉡ 환자에게 위해를 발생시키지 않은 의료오류, 위해사건은 아니다.
③ 위해사건(adverse events)
  ㉠ 환자의 질병, 기저질환이나 상태 때문이 아니라 치료과정 중 의료대상자에게 위해를 가져온 사건이다.
  ㉡ 위해사건 중 예방가능한 사건만 의료오류, 예방가능한 위해사건은 과실성 위해사건과 적신호 사건으로 분류된다.
④ 적신호사건(sentinel events)
  ㉠ 의료대상자에게 사망 혹은 심각한 신체적, 정신적 손상을 동반하거나 그러한 위험을 초래할 수 있는 예기치 못한 사건을 말한다.
  ㉡ 잘못된 부위나 잘못된 환자 수술, 수술·시술 후 의도하지 않은 이물질 잔존, 잘못된 약물투여로 인한 환자 사망이나 심각한 장애 발생, 입원환자의 자살이나 영아유괴 등이 해당한다.
⑤ 의료과오
표준 진료를 수행하지 못한 경우 환자에게 손상이 발생되어 과실로 인정된 경우를 말한다.

(3) 환자안전 향상 활동
① 의료로 인한 위해를 줄이는 것이다.
② 의료오류 최소화 및 의료의 질적 향상을 도모한다.
③ 오류발생 시 그 원인을 업무를 수행하는 방법의 다양성에서 찾아 원인을 분석한다.
④ 실수한 개인을 비난하고 처벌하기보다는 인적 취약성을 인정하고 일하는 업무상황에 초점을 둔다.
⑤ 적절한 휴식을 취할 수 있는 스케줄링(scheduling)과 스태핑(staffing), 근무지 환경 스트레스 등을 관리한다.

(4) 환자안전의 접근방법
　① 정확한 환자확인 절차
　　㉠ 의료기관인증평가 기준의 정확한 환자확인 방법
　　　- 확인과정의 환자 참여
　　　- 최소한 두 가지 이상의 지표(indicator) 사용
　　　- 모든 상황과 장소에서 일관된 환자확인 방법을 적용한다.
　　　- 환자가 의식이 없거나 의사표현이 어려운 경우에는 별도의 환자확인 방법을 적용한다.
　　　- 의약품 투여 전, 혈액제제 투여 전, 검사시행 전, 진료·처치 및 시술 전 두 가지 이상의 지표를 사용하여 환자를 확인하여야 한다.
　　㉡ 수혈과정에서의 환자확인 방법
　　　- 수혈 시작 전 처방 오더와 혈액·혈액제제의 일치를 확인한다.
　　　- 환자와 혈액·혈액제제의 일치를 확인한다.
　　　- 담당의사(담당간호사)와 다른 간호사, 이렇게 두 사람이 확인한다.
　② WHO의 환자확인 절차
　　㉠ 보건의료조직은 환자확인을 실시하고, 의료를 제공하기 전 올바른 의료(투약, 검사결과, 검체, 시술)와 올바른 환자를 확인하는 것은 의료인들의 일차적 책임으로 강조한다.
　　㉡ 입원 시 혹은 다른 병원이나 시설로 환자 이송 시 환자의 신원확인을 위해 최소한 두 가지 식별자 사용을 권장한다.
　　㉢ 보건의료시스템 내 다른 시설 간에 환자확인에 대한 접근을 표준화한다.
　　㉣ 신분확인이 어려운 환자확인, 동일한 이름을 가진 환자확인을 위한 분명한 프로토콜을 마련한다. 의식이 없거나 혼돈된 환자를 식별하기 위한 비언어적인 접근법 개발 사용
　　㉤ 프로세스의 모든 단계에 환자의 참여를 장려한다.
　　㉥ 환자가 지켜보는 앞에서 혈액이나 다른 검체에 대한 용기 라벨을 부착하거나 라벨 확인 하도록 권장한다.
　　㉦ 분석 전, 분석, 분석 후 과정에서 환자 샘플을 유지·보관하는 분명한 프로토콜을 마련한다.
　　㉧ 검사실 결과나 다른 테스트 결과들이 환자 임상력과 일치하지 않았을 때 그것을 의문시하는 분명한 프로토콜을 마련한다.
　　㉨ 전산입력 오류가 자동적으로 증폭되는 것을 예방하기 위해 반복 확인하고 검토한다.

(5) 근본원인분석
　① 개념
　　㉠ 위해사건이나 근접오류와 연관하여 수행과정에서 변이에 기여하는 혹은 기초적인 원인 요소를 규명하는 과정을 말한다.
　　㉡ 사고가 일어난 후 위해사건이나 다른 중대 사건에 잠재되어 있는 우연한 또는 원인이 되는 요인들을 찾아내는 구조화된 과정이다.
　　㉢ 적신호사건과 같은 심각한 위해사건을 후향적·사후적으로 분석하는 데 사용하는 방법이다.
　② 목적
　　㉠ 사고(위해사건)의 기초적이 원인을 밝혀내기 위해 근본원인 분석을 하는 것이다.
　　㉡ 위해사건에 빈번하게 기여하거나 기초하는 잠재적 오류를 제거함으로써 위해를 예방하는 것이다.

ⓒ 사고 발생 시 "누가(who) 하였는가?"에 초점을 두는 것이 아니라 "무슨(what) 사고가, 왜(why) 발생하였는지, 어떻게(how) 발생하였는지, 재발방지를 위해 무엇을 해야 하는지"에 초점을 둔다. 즉, 근본원인분석은 사람에 초점을 두는 것이 아니라 시스템과 프로세스에 초점을 둔다.
③ 근본원인분석의 절차(과정)
 ㉠ 다학제간 팀을 구성한다.
 ㉡ 사건/문제를 명료하게 기술한다. 자료를 수집하고 자료를 재구성한다.
 ㉢ 근본원인을 분석한다. 기여요인과 근본원인을 찾는다.
 ㉣ 사건의 재발을 예방하기 위한 교정적 조치를 하고, 추적하는 것이다.

(6) 오류유형과 영향분석

① 개념
 ㉠ 오류 발생가능성을 예측하고 개선할 수 있는 계획을 전향적으로 검토하는 접근 방법이다.
 ㉡ 시스템과 프로세스의 개선을 사전에 분석하여 근접오류나 위해사건을 예방하는 방법으로, 사건이 일어나기 전 예방방법이다.
② 목표
 프로세스 내에서 발생할 수 있는 모든 사건유형을 찾아서 그 원인과 영향을 분석하여 우선순위화하고 개선계획을 실행하여 그 결과를 측정하는 것이다.
③ 오류유형과 영향분석의 8단계
 ㉠ 1단계 - 고위험 프로세스 선정 및 팀 구성
 ㉡ 2단계 - 프로세스 검토 및 도식화
 ㉢ 3단계 - 가능한 오류유형 및 영향 확인
 ㉣ 4단계 - 오류유형의 우선순위 선정
 ㉤ 5단계 - 오류유형의 근본원인 확인
 ㉥ 6단계 - 프로세스 재설계
 ㉦ 7단계 - 새로운 프로세스의 분석 및 검토
 ㉧ 8단계 - 적용 및 모니터링
④ 오류유형과 영향분석의 우선순위 선정

심각성 (severity)	오류발생의 결과로 올 수 있는 손상의 영향 정도로 높은 점수: 심각성이 높음을 의미
발생가능성 (occurrence)	오류가 발생할 가능성의 정도로, 높은 점수는 발생 가능성이 높음을 의미
발견가능성 (detection)	오류를 발견하거나 인식할 수 있는 정도, 높은 점수는 발견가능성이 낮은 것으로 오류로 인식되기 힘든 것을 말한다.
위험도 우선순위와 치명도 지표	① 위험도 우선순위(RPN) = 심각성 × 발생가능성 × 발견가능성 ② 치명도 지표(CI) = ΣRPN 값(오류유형별로 위험도 우선순위를 합계) ③ 오류유형의 위험도 우선순위(RPN), 치명도 지표(CI)의 예

(7) 환자안전법
  ① 목적
     이 법은 환자안전을 위하여 필요한 사항을 규정함으로써 환자의 보호 및 의료 질(質) 향상에 이바지함을 목적으로 한다.
  ② 정의
     ㉠ "환자안전사고"란 「보건의료기본법」에서 보건의료인이 환자에게 보건의료서비스를 제공하는 과정에서 환자안전에 보건복지부령으로 정하는 위해(危害)가 발생하였거나 발생할 우려가 있는 사고를 말한다.
     ㉡ "환자안전활동"이란 국가, 지방자치단체, 「보건의료기본법」에 따른 보건의료기관, 보건의료인, 환자, 환자의 보호자 및 관련 기관·법인·단체가 환자안전사고의 예방 및 재발 방지를 위하여 행하는 모든 활동을 말한다.
  ③ 보건의료기관의 장과 보건의료인의 책무
     ㉠ 보건의료기관의 장과 보건의료인은 환자안전 및 의료 질 향상을 위하여 국가와 지방자치단체의 시책을 따라야 한다.
     ㉡ 보건의료기관의 장과 보건의료인은 환자안전사고가 발생하지 아니하도록 시설·장비 및 인력을 갖추고, 필요한 의무를 다하여야 한다.
     ㉢ 보건의료기관의 장과 보건의료인은 환자안전활동에 환자와 환자의 보호자가 참여할 수 있도록 노력하여야 한다.
  ④ 환자의 권리와 책무
     ㉠ 모든 환자는 안전한 보건의료를 제공받을 권리를 가진다.
     ㉡ 환자와 환자의 보호자는 환자안전활동에 참여하여야 한다.
  ⑤ 환자안전종합계획의 수립 등
     ㉠ 보건복지부장관은 환자안전 및 의료 질 향상을 위하여 관계 중앙행정기관의 장과 협의하여 환자안전종합계획을 5년마다 수립하고 이를 시행하여야 한다.
     ㉡ 종합계획에는 다음의 사항을 포함하여야 한다.
        - 환자안전활동의 기본 목표 및 추진방향
        - 환자안전활동의 추진계획 및 추진방법
        - 환자안전활동의 실태 파악, 제16조에 따른 보고·학습시스템의 운영 및 관리
        - 환자안전활동을 위한 기술의 연구·개발, 전문인력의 양성 및 지원
        - 환자안전에 관한 기준
        - 환자와 환자 보호자의 환자 안전활동 참여 방안
        - 그 밖에 보건복지부령으로 정하는 환자 안전활동에 필요한 사항
     ㉢ 보건복지부장관은 종합계획을 수립하기 위하여 관계 기관·법인·단체의 장에게 종합계획의 수립에 필요한 자료의 제출을 요청할 수 있다. 이 경우 관계 기관·법인·단체의 장은 정당한 사유가 없으면 이에 따라야 한다.
     ㉣ 보건복지부장관은 종합계획을 확정한 후 지체 없이 국회에 보고하여야 한다.
     ㉤ 보건복지부장관은 5년마다 환자안전에 관한 백서를 발간하여 공표하여야 한다.
     ㉥ 종합계획은 「보건의료기본법」에 따른 보건의료발전계획과 연계하여야 한다.

⑥ 환자안전사고 실태조사
  ㉠ 보건복지부장관은 환자안전 및 의료 질 향상에 관한 정책의 수립·시행을 위하여 5년마다 환자안전사고 실태조사를 실시하고 그 결과를 공표할 수 있다.
  ㉡ 보건복지부장관은 실태조사를 위하여 필요한 경우 관계 중앙행정기관의 장, 지방자치단체 의장, 「공공기관의 운영에 관한 법률」 제4조에 따른 공공기관의 장, 보건의료기관의 장, 그 밖에 관련 기관·법인·단체의 장에게 필요한 자료의 제출을 요청할 수 있다. 이 경우 관계 중앙행정기관의 장 등은 정당한 사유가 없으면 그 요청에 따라야 한다.
  ㉢ 실태조사의 방법과 내용에 관하여 필요한 사항은 대통령령으로 정한다.
⑦ 국가환자안전위원회
  ㉠ 환자안전에 관한 다음의 사항을 심의하기 위하여 보건복지부에 국가환자안전위원회를 둔다.
    - 환자안전 및 의료 질 향상을 위한 주요 시책
    - 환자안전사고 예방 및 재발 방지에 관한 사업계획 및 추진방법
    - 환자안전사고 보고내용의 분석 결과 활용 및 공개
    - 그 밖에 환자안전에 관한 중요사항으로 위원장이 심의가 필요하다고 판단한 사항
  ㉡ 위원회는 위원장 1명을 포함한 17명 이내의 위원으로 구성한다.
  ㉢ 위원회의 위원장은 보건복지부차관으로 하고, 위원회의 위원은 다음의 사람 중에서 보건복지부장관이 임명 또는 위촉한다.
    - 「의료법」에 따른 의사회·치과의사회·한의사회·조산사회·간호사회 및 같은 법에 따른 의료기관단체에서 추천한 사람 5명
    - 「약사법」에 따른 대한약사회에서 추천한 사람 5명
    - 노동계, 「비영리민간단체지원법」의 비영리민간단체, 「소비자기본법」 제29조에 따른 소비자단체에서 추천한 사람 3명
    - 환자안전에 관한 학식과 경험이 풍부한 사람 1명
    - 보건복지부 소속 3급 이상 공무원 또는 고위공무원단에 속하는 공무원
    - 그 밖에 관계 중앙행정기관 소속 고위공무원단에 속하는 일반직공무원(이에 상당하는 특정직·별정직 공무원을 포함한다)
  ㉣ 위원회는 매년 1회 이상 개최하여야 한다.
  ㉤ 위원회의 효율적인 운영을 위하여 분과위원회를 둘 수 있다.
  ㉥ 위원회 및 분과위원회의 구성·운영과 그 밖에 필요한 사항은 대통령령으로 정한다.
⑧ 환자안전기준
  ㉠ 보건복지부장관은 대통령령으로 정하는 바에 따라 보건의료기관의 시설·장비·관리체계, 보건의료인의 환자안전을 위한 준수 사항 등 환자안전에 관한 기준을 정하여야 한다.
  ㉡ 보건의료기관의 장과 보건의료인은 환자안전활동 시 환자안전기준을 준수하여야 한다.
⑨ 환자안전지표
  ㉠ 보건복지부장관은 환자안전 및 의료 질 향상과 관련한 수행 정도를 측정·점검할 수 있는 평가기준 등을 제시하는 지표를 개발하여 보급하여야 한다.
  ㉡ 환자안전지표의 개발 및 보급에 필요한 사항은 보건복지부령으로 정한다.

⑩ 환자안전위원회
  ㉠ 보건복지부령으로 정하는 일정 규모 이상의 병원급 의료기관은 환자안전 및 의료 질 향상을 위하여 환자안전위원회를 설치·운영하여야 한다.
    - 환자안전위원회의 설치가 요구되는 병상규모는 병원급 의료기관의 경우는 200병상이며, 종합병원의 경우 100병상 이상으로 한다.
  ㉡ 위원회를 설치한 의료기관의 장은 위원회의 설치 여부 및 구성·운영 현황을 보건복지부장관에게 매년 보고하여야 한다.
  ㉢ 위원회는 다음의 업무를 심의한다.
    - 환자안전사고의 예방 및 재발 방지를 위한 계획 수립 및 시행
    - 환자안전 전담인력의 선임 및 배치
    - 보건의료기관의 의료 질 향상 활동 및 환자안전체계 구축·운영
    - 환자안전사고를 보고한 자 및 보고내용의 보호자
    - 환자와 환자 보호자의 환자안전활동 참여를 위한 계획 수립 및 시행
    - 그 밖에 보건복지부령으로 정하는 환자안전활동에 필요한 사항
  ㉣ 위원회의 구성·운영과 보고 방법·절차, 그 밖에 필요한 사항은 보건복지부령으로 정한다.
  ㉤ 구성
    - 환자안전위원회는 위원장 1명을 포함한 5명 이상 30명 이하의 위원으로 구성한다.
    - 위원회의 위원장(이하 "위원장"이라 한다)은 해당 의료기관의 장으로 하고, 위원회의위원은 해당 의료기관의 장이 성별을 고려하여 위촉한다.
    - 위원회 위원의 임기는 3년으로 한다.
    - 규정한 사항 외에 위원회 구성에 필요한 사항은 보건복지부장관이 정한다.
⑪ 전담인력
  ㉠ 보건복지부령으로 정하는 일정 규모 이상의 병원급 의료기관은 다음의 어느 하나에 해당하는 사람으로서 환자안전 및 의료 질 향상에 관한 업무를 전담하여 수행하는 환자안전 전담인력을 두어야 한다.
    - 의사·치과의사·한의사·약사 또는 간호사 면허를 취득한 후 보건복지부령으로 정하는 기간 이상(3년 이상) 보건의료기관에서 근무한 사람
    - 「의료법」 전문의 자격이 있는 사람
  ㉡ 환자안전 전담인력의 배치기준

구분	전담인력의 수
200병상 이상의 병원급 의료기관(종합병원은 제외)	1명 이상
100병상 이상 500병상 미만의 종합병원	1명 이상
500병상 이상의 종합병원	2명 이상

  ㉢ 전담인력을 둔 의료기관의 장은 전담인력의 배치현황을 매년 보건복지부장관에게 보고하여야 한다.

② 전담인력의 업무
- 환자안전사고 정보의 수집·분석 및 관리·공유
- 환자안전사고 예방 및 재발 방지를 위한 보건의료인 교육
- 환자와 환자 보호자의 환자안전활동을 위한 교육
- 그 밖에 보건복지부령으로 정하는 환자안전활동
⑩ 보건복지부장관은 전담인력을 두고 있는 보건의료기관에 그 운영에 필요한 경비를 지원할 수 있다.
⑪ 전담인력의 배치기준 및 보고 방법·절차 등은 보건복지부령으로 정한다.
⑫ 환자안전활동에 관한 교육
㉠ 전담인력은 환자안전활동에 관한 교육을 정기적으로 받아야 한다.
- 환자안전 관련 법령에 관한 사항
- 환자안전사고의 정보의 수집·분석에 관한 사항
- 환자안전기준 및 환자안전지표에 관한 사항
- 환자안전사고의 예방 및 재발 방지에 관한 사항
- 「보건의료기본법」 제3조 제3호에 따른 보건의료인 및 환자와의 소통·협조에 관한 사항
- 환자 및 환자보호자의 환자안전활동에 관한 사항
- 환자안전에 관한 외국의 제도 및 사례에 관한 사항
- 그 밖에 보건복지부장관이 환자안전 및 의료 질 향상을 위하여 필요하다고 인정하는 사항
㉡ 정기적 환자안전교육
- 교육 방법: 대면교육 또는 정보통신기기를 통한 온라인 교육. 다만, 전담인력으로 새로 배치된 경우에는 6개월 이내에 대면교육으로 실시한다.
- 교육 시간: 매년 12시간 이상. 다만, 전담인력으로 새로 배치된 경우에는 6개월 이내에 24시간 이상 이수하여야 한다.
㉢ 보건복지부장관은 정기 교육 외에 환자안전을 위하여 필요한 경우에는 전담인력이나 보건 의료인에게 환자안전활동에 관한 교육을 받을 것을 명할 수 있다.
㉣ 보건복지부장관은 교육을 관계 전문기관 등에 위탁하여 실시할 수 있다.
㉤ 교육의 방법·시간·내용, 위탁 등에 필요한 사항은 보건복지부령으로 정한다.
⑬ 환자안전사고의 보고 등
㉠ 환자안전사고를 발생시켰거나 발생한 사실을 알게 된 또는 발생할 것이 예상된다고 판단한 보건의료인이나 환자 등 보건복지부령으로 정하는 사람은 보건복지부장관에게 그 사실을 보고할 수 있다.
- 보건의료인
- 보건의료기관의 장
- 전담인력
- 환자
- 환자보호자

ⓛ 보건복지부령으로 정하는 일정 규모 이상의 병원급 의료기관에서 다음의 어느 하나에 해당하는 환자안전사고가 발생한 경우 그 의료기관의 장은 보건복지부장관에게 그 사실을 지체 없이 보고하여야 한다.
- 「의료법」에 따라 설명하고 동의를 받은 내용과 다른 내용의 수술, 수혈, 전신마취로 환자가 사망하거나 심각한 신체적·정신적 손상을 입은 환자안전사고가 발생한 경우
- 의료기록과 다른 의약품이 투여되거나 용량 또는 경로가 진료기록과 다르게 투여되어 환자가 사망하거나 심각한 신체적·정신적 손상을 입은 환자안전사고가 발생한 경우
- 다른 환자나 부위의 수술로 환자안전사고가 발생한 경우
- 의료기관 내에서 신체적 폭력으로 인해 환자가 사망하거나 심각한 신체적·정신적 손상을 입은 경우

ⓒ 제1항에 따른 보고(이하 "자율보고"라 한다)를 환자안전사고를 발생시킨 사람이 한 경우에는 「의료법」 등 보건의료 관계 법령에 따른 행정처분을 감경하거나 면제할 수 있다.

ⓔ 자율보고 및 제2항에 따른 보고(이하 "의무보고"라 한다)에 포함되어야 할 사항과 보고의 방법 및 절차 등은 보건복지부령으로 정한다.

⑭ 환자안전사고 관련 자료 제공의 요청
ⓖ 보건복지부장관은 환자안전사고 관련 정보의 공유를 위하여 다음의 기관의 장에게 보건복지부령으로 정하는 환자안전사고 관련 자료의 제공을 요청할 수 있다.
- 「의료사고 피해구제 및 의료분쟁 조정 등에 관한 법률」에 따른 한국의료분쟁조정중재원
- 「소비자기본법」에 따른 한국소비자원
- 「약사법」에 따른 한국의약품안전관리원
- 「의료기기법」에 따른 한국의료기기안전정보원
- 그 밖에 환자안전사고 관련 자료를 보유하고 있는 기관으로서 대통령령으로 정하는 기관

ⓛ 제1항에 따른 요청을 받은 기관의 장은 정당한 사유가 없으면 이에 협조하여야 한다. 이 경우 「개인정보 보호법」 제23조에 따른 민감정보와 같은 법 제24조에 따른 고유식별정보(주민등록번호를 포함한다) 등의 개인정보가 포함된 자료는 개인식별이 가능한 부분을 삭제한 후 제공하여야 한다.

⑮ 환자안전사고 보고·학습시스템 등
ⓖ 보건복지부장관은 환자안전을 위하여 제14조에 따라 보고된 환자안전사고에 관한 정보와 제15조 및 제15조의2에 따라 수집한 자료의 조사·연구와 그 공유에 필요한 환자안전사고 보고·학습시스템(이하 이 조에서 "보고학습시스템"이라 한다)을 구축하여 운영하여야 한다.

ⓛ 보건복지부장관은 환자안전사고가 새로운 유형이거나 환자안전에 중대한 위해가 발생할 우려가 있는 등 보건복지부령으로 정하는 사유가 발생한 경우에는 주의경보를 보건의료기관에 발령하여야 하며, 필요한 경우 보건의료기관에 개선 또는 시정을 권고할 수 있다.
- 환자안전을 해칠 우려가 높은 새로운 유형의 환자안전사고가 발생한 경우
- 환자안전에 중대한 위해가 발생할 우려가 있는 환자안전사고가 발생한 경우
- 동일하거나 유사한 유형의 환자안전사고가 보고학습시스템에 급격히 증가하는 경우
- 그 밖에 환자안전을 해칠 우려가 매우 크고 그 영향이 광범위할 것으로 예상되어 주의 경보 발령이 필요하다고 보건복지부장관이 인정하는 경우

ⓒ 보건복지부장관은 제2항에 따른 주의경보 발령을 위하여 제14조에 따라 환자안전사고를 보고한 자가 아닌 다음의 자에게 자료의 제출이나 의견의 진술 등 필요한 협조를 요청할 수 있다.
- 의약품 또는 의료기기를 제조·수입 또는 판매하는 자
- 보건의료기관의 시설이나 장비의 설치자 및 관리자
- 보건의료인 또는 보건의료기관의 개설자

ⓔ 제3항에 따라 자료의 제출이나 의견의 진술 등을 요청받은 자는 이에 따라야 한다.
ⓜ 보건복지부장관은 보고학습시스템의 운영을 대통령령으로 정하는 바에 따라 전문기관에 위탁할 수 있다.
ⓗ 보건복지부장관은 보고학습시스템의 운영을 위탁받은 전문기관에 대하여 대통령령으로 정하는 바에 따라 그 운영에 필요한 경비의 전부 또는 일부를 지원할 수 있다.
ⓢ 보고학습시스템의 구축·운영과 위탁 및 경비지원 등에 필요한 사항은 보건복지부령으로 정한다.

⑯ 환자안전사고 보고의 비밀 보장 등
㉠ 보건복지부장관은 제14조에 따라 환자안전사고를 보고한 자의 의사에 반하여 그 보고자의 정보를 공개할 수 없으며, 보고된 환자안전사고가 발생한 보건의료기관의 경우에는 그 보건의료기관의 장의 의사에 반하여 해당 보건의료기관의 정보를 공개할 수 없다.
㉡ 자율보고가 된 환자안전사고에 관한 정보와 수집한 자료는 보건복지부령으로 정하는 검증을 한 후에는 반드시 개인식별이 가능한 부분을 삭제하여야 한다. 다만, 자율보고를 한 자(환자안전사고를 발생시킨 사람에 한정한다)가 동의한 경우 그 사람의 개인식별정보는 삭제하지 아니할 수 있다.
㉢ 환자안전사고의 정보 수집·분석 및 주의경보 발령 등의 업무에 종사하거나 종사하였던 사람은 직무상 알게 된 비밀을 다른 사람에게 누설하거나 직무 외의 목적으로 사용하여서는 아니 된다.
㉣ 보건의료기관의 장은 해당 보건의료기관에 속한 환자안전사고를 보고한 자에게 그 보고를 이유로 해고, 전보나 그 밖에 신분이나 처우와 관련하여 불리한 조치를 할 수 없다.

✎ WHO 환자안전보고시스템

구분	내용/특징
비처벌성	보고 이후 보복이나 처벌의 두려움이 없어야 한다.
비밀보장	환자, 보고자, 기관이 드러나지 않아야 한다.
보고시스템의 독립성	보고자에 대한 처벌권을 가진 기관과 독립적이어야 한다.
전문가 분석	보고는 기본적으로 시스템의 원인을 확인하도록 훈련된 전문가에 의해 평가되어야 한다.
시기적절성	보고는 신속하게 분석되어야 하며, 특히 중대한 위험이 있는 경우 알아야 할 필요가 있는 사람들에게 권고가 신속히 전달되어야 한다.
시스템 지향성	개인의 성과를 목표로 하는 것이 아니라 시스템, 진행과정, 생산 등에 있어서 변화를 추구하는 데 초점을 둔다.
반응성	보고 받는 기관은 권고사항을 확신할 수 있어야 하고 참여기관들은 가능할 때 권고사항을 해결할 책임이 있다.

✏️ 스위스 치즈모형

구분	내용
스위스 치즈모형 (제임스 리즌)	Latent failures at the managerial levels / Local triggers, Intrinsic defects, Atypical conditions / Psychological precursors / Unsafe acts / Defence-in-depth / Trajectory of accident opportunity
개념/특성	① 재난은 한 두가지 위험요소로 발생하는 것이 아니며 여러 위험요소가 동시에 존재해야 발생할 수 있다는 것 ② 사고나 재난은 다층적 방호장치를 갖추어도 발생할 수 있음 ③ 사고발생의 과정: 조직의 문제 → 불안전한 관리(Unsafesupervision) → 불안전한 행동을 야기하는 조건 → 불안전한 행동
간호관리의 적용	① 가시적 오류, 잠재적 오류 등의 발생가능성을 고려해야함 ② 환자확인 등의 시술 프로토콜이 부재한 경우 발생할 수 있는 오류에 유의해야 한다. ③ 완료해야할 술기 또는 시술량이 과다한 경우의 문제를 고려한다.

제8장 기출문제 확인하기

제8장 통제

001 다음에 해당하는 환자안전과 관련된 용어는? [2022, 지방직]

- 사망, 심각한 신체적·심리적 상해 또는 그러한 결과를 초래할 수 있는 위험성을 포함한 기대하지 않았던 사건
- 발생 시 강제적(mandatory)으로 보고해야 하는 사건

① 실수 ② 근접오류
③ 잠재적 오류 ④ 적신호 사건

002 간호조직에서 통제기능의 필요성으로 가장 옳지 않은 것은? [2020, 서울시]

① 권한위임과 분권화의 확대
② 조직구성원들의 실수 및 오류 발생 가능성
③ 간호인력의 업무수행 능력 개발
④ 외부평가의 강화

003 <보기>에 해당하는 질 관리 자료 분석도구는? [2023, 서울시 변형]

보기
- 일의 결과와 그것에 관련된 요인을 계통적으로 나타낸 것이다.
- 결과는 등뼈의 오른쪽에 기술하고, 일차적 원인범주는 등뼈에서 첫째로 가지치기하고, 각 원인범주별로 하위원인들을 다시 가지를 치면서 기술한다.

① 관리도(control chart)
② 런차트(run chart)
③ 파레토 차트(pareto chart)
④ 원인결과도(cause effect diagram)

004 제임스 리즌(James Reason)의 스위스 치즈모형(Swiss cheese model)에 따르면 <보기>에 해당하는 오류로 가장 옳은 것은? [2023. 서울시]

> **보기**
> 환자 확인 절차 및 방법에 대한 프로토콜의 부재

① 가시적 오류
② 잠재적 오류
③ 근접 오류
④ 의료 오류

005 세계보건기구(WHO)에서 제시한 성공적인 환자안전 보고시스템의 특징에 대한 설명으로 가장 옳지 않은 것은? [2023. 서울시 변형]

① 비처벌성은 보고로 인하여 자신이나 다른 사람이 처벌을 받을지 모른다는 두려움이 없어야 한다는 것이다.
② 비밀보장은 환자, 보고자, 기관이 드러나지 않아야 한다는 것이다.
③ 독립성은 보고시스템이 보고자 또는 기관을 처벌할 권한을 가진 당국으로부터 독립되어야 한다는 것이다.
④ 반응성은 개인의 성과를 목표로 하는 것이 아니라 시스템, 진행과정, 생산 등에 대한 반응이 있어야 한다는 것이다.

006 균형성과표(Balanced Score Card; BSC)를 이용하여 병원 경영 성과를 향상시키고자 할 때, '내부 업무 프로세스 관점'을 직접적으로 평가하는 지표에 해당하는 것은? [2023. 지방직 변형]

① 재원일수 단축률
② 고객유지율
③ 프로세스에 걸리는 시간
④ 고객만족도

007 균형성과표에서 네가지 관점에 따른 성과지표가 잘못 연결된 것은? [2023. 행정 7급]

① 고객관점: 의사결정과정에 직원참여
② 내부 프로세스 관점: 적법절차
③ 재무적 관점: 자본수익률
④ 학습과 성장 관점: 정보시스템 구축

008 간호업무의 질을 평가하기 위한 접근방법 중 과정적 측면을 평가하는 항목으로 가장 옳은 것은?

[2019, 서울시변형]

① 간호기록
② 직무명세서
③ 환자만족도
④ 정책과 절차

009 의료의 질 향상 방법으로 제시되는 FOCUS-PDCA에서 <보기>의 단계에 해당하는 것은? [2019, 서울시]

> 보기
>
> 개선하고, 자료수집 및 분석을 한다.

① 계획(Plan)
② 시행(Do)
③ 점검(Check)
④ 실행(Act)

010 「환자안전법 시행규칙」상 환자안전 전담인력에 대한 설명으로 옳은 것은? [2017, 지방직 변형]

① 환자안전 및 의료 질 향상에 관한 업무를 전담하여 수행하는 환자안전 전담인력을 두어야 하는 병원은 병상수가 300병상 이상인 경우이다.
② 전담인력의 배치기준은 500병상 이상의 종합병원에서는 3명 이상이다.
③ 전담인력의 환자안전활동에는 환자안전지표의 측정·점검이 포함된다.
④ 환자안전 전담인력은 면허취득 후 5년이 경과한 자여야 한다.

정답 001 ④ 002 ③ 003 ④ 004 ② 005 ④ 006 ③ 007 ① 008 ① 009 ②
010 ③

제9장 간호관리의 실제

PRETEST OX퀴즈

1. 병동에서 약품 관리시 마약은 이중 잠금장치가 된 철제 금고에 별도 저장하였다. [2020] O X

2. 간호단위 관리자는 물품관리시 비용절감을 위해 물품 기준량은 예상 소모량과 정확하게 일치시켜야 한다. [2014] O X

3. 병원의 감염관리 방법으로서 격리 환자에게 사용한 비닐 가운은 감염성 폐기물이 아니므로 일반 환자와 동일한 방법으로 수거한다. [2015] O X

4. 산소통 및 그 운반체계의 관리는 환자의 감염관리에 해당한다. [2007] O X

5. 간호기록에 있어 약어사용 시에는 표준 약어만 사용한다. [2010] O X

6. 실제 수행한 업무는 기록에 빠뜨렸더라도 법적으로 인정받을 수 있다. [2009] O X

7. 병동내 사건 보고서 작성시 발생원인에 대한 주관적 의견이나 가정을 마지막에 덧붙인다. [2013] O X

8. 의료법 시행규칙에 따를 때 간호기록부에 기재해야할 사항에는 투약에 관한 사항과 진단결과에 관한 사항이 포함된다. [2011] O X

9. 의료법에 따를 때 운영되는 감염관리실에는 감염관리에 경험과 지식이 있는 의사, 간호사, 해당 의료기관의 장이 인정하는 사람 중 1명 이상이 전담 근무하여야 한다. [2016] O X

10. 활동성 폐결핵으로 입원한 환자가 MRSA(메티실린내성황색포도알균) 양성으로 확인되었다면 해당 환자의 경우 접촉전파주의가 이루어져야 한다. [2016] O X

정답 및 해설

1 ○
2 × 비용절감이 중요하지만 기준량을 예상소모량과 정확하게 일치시키는 것이 아니라 여유분을 포함하여야 한다.
3 × 감염성 폐기물에 해당하므로 일반 환자와 다른 방법으로 분리하여 수거한다.
4 × 환자의 안전관리에 해당한다.
5 ○
6 × 법적으로 인정받을 수 없다.
7 × 사건보고서는 객관적으로 기술되어야 한다.
8 × 간호기록부에 기재되어야 할 사항에는 가. 간호를 받는 사람의 성명, 나. 체온·맥박·호흡·혈압에 관한 사항, 다. 투약에 관한 사항, 라. 섭취 및 배설물에 관한 사항, 마. 처치와 간호에 관한 사항, 바. 간호 일시(日時)가 있다.
9 ○ 의료법시행규칙 별표 8의 2에 따라 감염관리 업무를 수행하는 사람의 인력기준 및 배치기준이 정해진다.
10 × 음압장비가 가동되고 있는 격리실을 사용하고 항상 출입문을 닫는 것이 중요하다. 결핵은 공기전파주의, MRSA는 접촉전파주의이기 때문이다.

01 간호단위의 이해

❶ 간호단위 관리의 이해

(1) 간호단위의 개념
① 간호단위는 단위관리자 한 사람의 관리책임 아래 일정수의 간호사와 기타 직원들의 참여로 환자에 대한 최적의 간호 수행을 위해 구성된 적당한 환자수와 이에 따른 적절한 시설의 범위를 말한다.
② 간호단위는 환자의 치료에 필요한 모든 부서가 연결되어 유기적이고 긴밀하게 협조하여야 환자 치료라는 목적을 달성할 수 있기 때문에 부서 간 협력이 중요하다.
③ 최적의 환경을 조성하여 환자에게 가장 적절한 간호를 제공해줌으로써 가능한 한 신속하게 건강을 회복시키는 것에 초점을 둔다.
④ 환경관리, 물품관리, 약품관리, 인적환경관리, 환자간호관리, 기록관리, 보고관리 등이 포함된다.

(2) 간호단위관리의 기능
① 간호의 제공기능
② 간호의 지원기능: 환경관리, 안전관리, 물품관리
③ 의사소통과 인간관계 기능

(3) 간호단위관리의 목표
① 24시간 환자상태에 대한 관찰과 기록 및 보고를 수행한다.
② 환자의 안위를 위해 물리적 환경조성과 안전관리를 수행한다.
③ 간호에 필요한 인력, 시설, 물품의 적정수와 상태를 확보한다.
④ 환자의 개별적 간호요구에 따른 과학적인 간호계획을 수행한다.
⑤ 의사의 진단과 치료를 위한 보조적 업무를 수행한다.
⑥ 정확한 투약과 처치를 실시한다.
⑦ 환자와 가족을 위한 건강교육을 실시한다. 환자와 가족과의 원만한 인간관계를 수립한다. 타부서 의료관계직원과의 긴밀한 의사소통과 협조체제를 수립한다.
⑧ 간호단위 소속 직원들의 근무환경 및 복지에 대한 만족을 도모한다.
⑨ 간호사와 학생의 교육적 욕구를 충족시킨다.
⑩ 간호실무 향상을 위한 지속적인 간호연구를 시행한다.
⑪ 효율적인 물품관리를 통하여 최소의 소비와 최대의 효과를 얻을 수 있도록 한다.

(4) 간호단위관리/구조
① 규모에 따른 간호단위
  ㉠ 한 개의 간호단위
    30~40명의 환자를 수용할 수 있는 병실, 환자들의 편의시설, 간호와 치료를 위한 공간과 가구, 기구, 의료약품들을 저장·관리할 수 있는 공간이 포함된다.
  ㉡ 큰 규모의 간호단위: 간호사들의 업무활동 영역이 확대되어 동선과 노력이 증가되고, 수간호사의 관리상 어려움이 있다(비능률적).
  ㉢ 작은 규모의 간호단위: 관리상 자원을 낭비하게 된다(비효율적).

② 간호단위의 구조
  ㉠ 간호단위의 구조는 정사각형과 원형이 이상적이다. 특히 간호단위의 동선은 짧을수록 능률적이다.
  ㉡ 일반적인 간호단위의 구조는 T자형, Y자형, E자형 등이 있다.

02 환경관리

(1) 개요
① 병원은 입원환자가 생활하면서 필요한 진료와 간호가 실시되는 곳으로, 안정된 분위기와 최적의 환경이 조성되도록 노력해야 한다.
② 안전성, 위생성, 안정성, 심미성, 프라이버시 유지, 온도·환기·채광·소음관리, 공간의 유용성과 적용 가능성
③ 물리적 환경조성의 기본요소에는 소음, 조명, 온도, 습도, 환기 등이 모두 포함된다.

(2) 소음/조명/온도/습도/환기
① 소음이 인체에 미치는 영향
  ㉠ 심박동수 및 호흡수가 증가하며 혈압과 맥박이 상승한다.
  ㉡ 위액분비와 근긴장도가 증가한다.
  ㉢ 피로감과 불쾌감이 증가하며, 수면방해 요인이 된다.
  ㉣ 업무능률을 저하시킨다.
② 병원환경에 적합한 소음 (보통의 대화소리가 40-60dB이다)
  ㉠ 간호사실, 준비실, 주방, 처치실은 40dB 이하로 유지한다.
  ㉡ 입원실은 30dB, 중환자실은 35dB 정도로 유지한다.
③ 조명 관리
  ㉠ 환자 개인용 조명: 밝기 조절이 가능하고, 밤에는 출구쪽 약한 조명으로 화장실 출입등을 용이하게 한다.
  ㉡ 채광의 관점에서 낮시간동안 태양광선을 받을 수 있도록 하나 직접적인 강한 광선은 눈의 피로와 불안감을 야기할 수 있으므로 커튼과 블라인드를 설치한다.
  ㉢ 일반적으로 시선보다 조명이 위에 있어야 하고, 밝은 빛의 근원은 시선으로부터 차단되도록 한다.
④ 병원환경에 적합한 조도
  ㉠ 일반병실은 100Lux를 유지한다.
  ㉡ 처치등을 켰을 때는 200Lux를 유지한다.
  ㉢ 일반병동의 처치실과 중환자실의 조도는 400Lux가 기준이나, 처치가 끝나면 안정을 위해 낮추어 유지한다.
⑤ 병원환경에 적합한 온도와 습도
  ㉠ 병원환경에 적합한 온도: 18~23℃
  ㉡ 병원환경에 적합한 습도: 40~60%

⑥ 환기방법
　㉠ 환기방법은 중앙조절 환기방법을 활용한다. 시간당 4회 기준으로 정화된 공기가 병실에 유입되도록 한다.
　㉡ 정화된 공기가 유입되도록 병실로 통하는 문을 모두 닫아 둔다.
　㉢ 적절한 환기를 위해 정기적으로 먼지 흡입 및 공기필터를 교환해야 한다.
　㉣ 중환자실은 HEPA 필터(High Efficiency Particulate Air Filter)를 통해 시간당 12회 기준으로 공기가 순환되도록 하고, 통하는 모든 출입문은 닫아 둔다.
　㉤ 격리실은 환자 상태에 따라 양압과 음압으로 조절한다.
　㉥ 공기오염 예방을 위해 환자목욕, 환의교환, 구강청결, 환부 드레싱과 같은 기본간호를 제공한다.
⑦ 심미적 환경 조성
　㉠ 색깔의 배합을 의미하는 색조로, 명도는 색의 밝기, 채도는 색의 순도를 의미한다.
　㉡ 병실의 배색은 안정감을 제공하기 위해 낮은 채도로 하고, 쉽게 더러워지는 것을 방지하기 위해 높은 명도로 한다.

(3) 심미적 환경을 위한 병원의 배색
① 붉은색이나 주황색 같은 따뜻한 색이 회복기 환자 병실에, 차가운 색 계통, 청색이나 자색은 만성환자 병실에 더 적합하다고 본다.
② 입원기간이 짧은 병실(분만실) 등은 따뜻한 색 계통, 크림색, 상아색, 연두색이 좋다.
④ 실내벽은 안정감을 위해 위쪽을 밝게 하고, 아래쪽을 어둡게 한다.
⑤ 병실 천장은 상아색, 벽면은 크림색, 경계면은 회갈색, 바닥은 암녹색이 좋다.
⑥ 소아과 병동 간호사 복장의 경우 환아복 색깔과 같게 하여 환아들의 의료진에 대한 공포감을 없애고 친근감을 느끼게 한다.
⑦ 소아과 병실과 외래 진료실은 아이들이 좋아하는 동물 그림을 넣는다.
⑧ 환자 방이나 복도는 풍경화나 성화로 장식하여 환자에게 안정감을 준다.
⑨ 검사실의 경우 불안감을 감소시키기 위해 다양한 변화를 주는 것이 좋다.

03 | 안전관리

(1) 개요
① 사고의 발생 원인을 사전에 제거함으로써 사고로 인한 손실을 예방하기 위하여 계획을 수립하고 실시하는 것이다.
② 의료의 질 향상의 확대된 개념으로서 질 높은 의료서비스를 제공하고 위험요인을 확인하고 예방할 수 있는 계획된 과정이다.

(2) 목적
환자, 직원 및 방문객에게 나타날 수 있는 손상가능성을 조기에 발견하고 안전을 위협하는 요인을 제거하여 의료사고를 예방하고 감소시키고자 하는 것이다.

(3) 간호단위 안전관리
① 안전관리를 위한 간호단위관리자의 역할
  ㉠ 병동 안전교육 프로그램을 계획한다.
  ㉡ 간호요원들의 안전관리에 대한 의견과 방안을 수렴한다.
  ㉢ 안전관리를 위한 간호단위관리자와 간호사 간의 책임을 명확히 한다.
  ㉣ 간호사고 분석과 사고보고에 대한 대책을 수립한다.
② 안전관리를 위한 간호사의 태도
  ㉠ 병동안전에 대한 주의사항을 준비하여 환자에게 교육한다.
  ㉡ 기구와 기계의 규칙적인 점검을 시행한다.
  ㉢ 간호사의 안전교육, 사고분석, 대책수립에 적극적으로 참여한다.
  ㉣ 화재발생 예방 및 대처방안을 교육하고 숙지한다.
③ 안전관리에 특별히 더 관심을 기울여야 할 대상자
  ㉠ 시력장애 또는 청력장애로 위험물을 인식하지 못하는 환자
  ㉡ 연령, 질병, 약물 등으로 인해 무기력한 상태의 환자
  ㉢ 졸도, 경련, 심장마비, 뇌출혈 등의 위급한 상황이 예측되는 환자
  ㉣ 정신적·감정적인 변화로 인해 판단력이 결핍되었거나 부족한 환자
  ㉤ 부주의, 무관심, 건망증 증상을 보이는 환자
  ㉥ 의료인에게 협조를 거부하는 환자

(4) 안전점검 리스트
① 일반 점검사항
  ㉠ 병동 내 모든 전선은 잘 정리되어 있는가?
  ㉡ 불필요한 전등, 전열기구 등의 전원이 잘 차단되어 있는가?
  ㉢ 병원 내에서 사용이 금지된 전열기구를 사용하지 않는가?
  ㉣ 소화기는 화재발생 시 곧바로 사용할 수 있도록 눈에 잘 띄는 곳에 비치되어 있는가?
  ㉤ 넘어지거나 부딪히거나 찔리거나 떨어질 위험요소는 없는가?
  ㉥ 특히 화장실, 계단 등에서 금연은 잘 지켜지고 있는가?
  ㉦ 물이 새는 곳, 벽이 갈라진 곳, 천장이 떨어진 곳은 없는가?
  ㉧ 화재사고 발생 시 직원들이 각자 행동요령을 숙지하고 있는가?

② 부서 세부 점검사항
  ㉠ 낙상방지에 대한 교육은 실시하였는가?
  ㉡ 초·밤번 시 사이드 레일(side rail)을 올려 주었는가?
  ㉢ 열쇠는 일정한 장소에 보관하고 있으며 직원이 직접 관리하는가?
  ㉣ 간호사 호출 벨(nurse call bell) 작동 여부 점검은 잘 관리되는가?
  ㉤ 배선실, 샤워실, 공용 화장실은 잘 관리되는가?
  ㉥ 약물(마약, 냉장보관약물, 향정신성약물)은 잘 관리되는가?
  ㉦ 감염 우려가 있는 환자에 대한 격리는 잘 되는가?
  ㉧ 병실, 복도, 공용 화장실 바닥에 미끄러운 곳은 없는가?
  ㉨ 중환자실 또는 낙상 우려가 있는 환자 병실 근무(duty) 교대 시 사이드 레일을 올려 주었는가?

(5) 환자안전관리과정
 ① 사고발생의 확인
  ㉠ 사고·사건보고체계를 확립하여야 하고, 사건발생 시 사고·사건보고서를 작성·제출하여야 한다.
  ㉡ 병원에서 보고되어야 하는 사고·사건 잘못된 환자/위치/시술·수술, 수혈반응, 자해·자살, 싸움·폭행, 사고로 인한 손상(낙상, 미끄러짐 등), 사고사, 살인, 약물 부작용, 투약오류, 약물 남용, 탈원·자퇴, 도난, 재산상의 손실, 화재, 장비불량으로 인한 사고 등
 ② 사고 또는 위험요소의 분석 평가
  확인된 사고나 위험요소를 분석하고 실제 상황과 그 정도를 측정·평가하는 것이다. 사건 및 사고 보고서 및 기타 방법으로 보고된 자료를 근거로 실제상황을 확인하여 보고서를 작성한다.
 ③ 위험요소의 제거 및 경감조치: 위원회에서 해당 부서 또는 해당자에게 자료를 분석평가한 후 확인된 문제점을 제거 또는 해결함으로써 재발을 방지하고 예방하기 위한 개선안을 마련하여 적용하고, 개선안 적용 후 효과를 주기적으로 평가하는 수행을 통해 의료의 질을 향상시키기 위한 제반 시정조치를 결정하여 통지하고 실시한다.
 ④ 문서화 및 보고: 문제의 확인, 분석 및 평가, 시정조치 실시 등의 과정을 요약, 문서화하여 진료평가위원회에 보고하고 이를 회의록에 남긴다.
 ⑤ 시정조치의 재확인: 시정조치가 제대로 실시되어 문제가 해결되고 위험요소가 제거되었는지를 확인하여 그 상황에 대한 보고서를 작성하여 진료평가위원회에 제출한다.

(6) 낙상예방 및 관리
 ① 낙상의 위험요인
  연령, 고위험약물 복용, 낙상경험, 보행 및 평형 장애, 관련질환, 의식상태, 배뇨/배설장애, 전신쇠약, 청력 및 시력 장애, 부적절한 환경
 ② 낙상예방 간호중재
  ㉠ 호출기를 환자가 손이 닿는 범위 내에서 쉽게 이용할 수 있도록 배치한다.
  ㉡ 실뇨와 실변이 있는 환자는 필요에 따라 혹은 매 시간마다 규칙적으로 배뇨·배변 상태를 확인하고 적절한 간호를 제공한다.
  ㉢ 빈뇨가 있는 경우 이동식 변기를 사용할 수 있도록 한다.
  ㉣ 크기가 잘 맞고 바닥이 미끄럽지 않은 신발이나 슬리퍼를 신도록 조치한다.

ⓜ 혼동이 심하거나 주의 깊은 관찰이 필요한 환자는 간호사실과 가까운 병실에 배치하고 환자의 보호자나 간호제공자가 병실에 머무르도록 격려한다.
　　　ⓑ 낙상 고위험환자는 자주 순회하며 주변의 환경적 상황을 검토한다.
　　　ⓢ 금기가 아니면 조기보행과 규칙적인 운동(1일 1회, 30분)을 하도록 격려한다.
　　　ⓞ 의식이 명료하지 못하거나 매우 불안정한 환자 및 수술 환자는 반드시 간호사 또는 보호자의 보조를 받아 침상에서 내려오도록 한다.
　　　ⓩ 보행을 시작할 때는 서서히 단계적으로 움직일 수 있도록 계획한다. 보행 시 반드시 보조자와 함께 걷도록 한다.
　③ 환경적 관점에서 낙상예방의 중재
　　　㉠ 병원 바닥을 청소하는 경우 통행이 적은 시간을 이용하고, 반드시 미끄럼주의 안내판을 설치하고 반씩 나누어 청소하도록 한다.
　　　㉡ 창문을 낮게 하면 낙상 가능성이 높아지므로 창문을 높게 한다.
　　　㉢ 노인환자를 위해 변기나 욕조 주위에 손잡이를 설치한다.
　　　㉣ 운반차로 이동할 때에는 반드시 침대 난간을 올려 고정시킨다.
　　　㉤ 의식이 없는 환자나 아동, 노인 등의 침대 난간을 올린다.
　　　㉥ 보호자에게 낙상의 가능성과 위험에 대하여 교육하고 주의를 기울이게 한다.
　　　㉦ 통로는 이용이 용이하도록 주변을 정리하고 깨끗이 유지한다.
　　　㉧ 필요한 물건들은 환자나 보호자가 찾기 쉬운 곳에 위치한다.

(7) 수혈 안전관리
　① 혈액은행에서 혈액을 가져올 때 혈액과 수혈기록표를 대조하여 혈액번호, 혈액형(ABO, Rh), 혈액의 유효기간을 확인한다.
　② 혈액은행에서 가져온 혈액과 수혈기록표를 병동에서 담당의사와 담당간호사가 다시 한번 차트와 대조하여 확인하고 각각 서명한다. 2명의 의료인(담당간호사와 다른 간호사)이 확인하고 cosign(공동서명)한다.
　③ 수혈 시 환자의 성명과 혈액형 및 혈액번호를 반드시 확인하여야 하며, 환자가 직접 본인의 성명과 혈액형을 말하도록 하고, 무의식 환자의 경우 보호자에게 확인한다.
　④ 수혈 직전에 활력징후를 측정하여 수혈 후의 변화를 알 수 있도록 하고, 수혈 시작 15분 내에 활력징후를 측정하고, 30분 간격으로 부작용을 관찰하여 기록한다.
　⑤ 사용하지 않았거나 중지되어 남은 혈액은 혈액은행으로 반납한다.

04 감염관리

1 병원감염관리

① 환자 자신의 내인성, 의료인이 직접 전달, 환경적 요인, 의료기구에 의해 생길 수 있는 감염을 의미한다. 특히, 통상 입원 후 48시간 이후 이후에 발생한 감염이다. 또한 수술 환자의 경우 퇴원 후 30일 이내(이식물 삽입 수술의 경우에는 1년 이내)에 발생하는 감염을 포함한다.
② 입원 당시 있었던 기존의 감염증이 악화되거나 합병증이 생긴 것은 병원감염에 해당하지 않는다.
③ 감염관리란 병원감염의 정의 및 진단 기준을 마련하고 발생 원인을 분석한 후 예방을 위한 대책을 강구하며 감시방법을 활용하는 등의 적극적이고 체계적인 관리활동을 전개하는 등 병원감염 발생률을 감소시키는 제반활동이다.

2 병원감염의 증가 원인

① 면역손상이 높은 환자(종양, 백혈병, 당뇨병, 신부전증 환자), 수술환자, 인공호흡기 이용 환자 등 장기간 입원환자로 기계적 조작을 많이 하는 환자군에게 발생한다.
② 무균간호가 요구되는 행위의 부주의 시 발생한다.

3 병원감염 예방 관리

① 효과적인 감염발생 감시체계를 확립한다.
② 계속적인 직원교육을 실시한다.
③ 교차감염 예방을 위한 격리시설을 구비한다.
④ 간호사의 감염 예방행위로 내과적 무균법(손 씻기)을 실시한다.
⑤ 격리환자 관리를 철저히 한다.
⑥ 접촉제지, 감염환자 물품 및 분비물은 규정에 따라 처리한다.
⑦ 감염환자 지침에 따라 실행한다.
⑧ 병원감염을 줄이기 위한 정책과 규칙을 수립하고 수행한다.

4 감염관리

(1) 표준전파주의
① 개념 및 의의
  ㉠ 모든 환자 처치 시 적용되며, 환자의 진단명이나 감염상태 등에 상관없이 적용하는 격리법이다.
  ㉡ 혈액 및 모든 체액, 분비물(땀은 제외)은 혈액 포함 여부와 상관없이 표준전파주의법이 적용된다. 이는 병원에서 알게 모르게 손상된 피부점막 등에 균이 감염되는 것을 예방하기 위함이다.
② 유의사항
  ㉠ 손 씻기는 감염관리를 위해 가장 쉽고 기본적인 감염예방법이다.
  ㉡ 혈액, 체액, 분비물, 오염된 물건, 손상된 피부, 점막 접촉 시 장갑을 착용한다. 환자 처치마다 장갑을 바꿔 착용한다. 장갑은 사용 후 즉시 벗고 반드시 손을 씻는다. 다른 환자 처치 전에 반드시 장갑을 벗은 후 손을 씻고 새로운 장갑을 착용한다. 마스크, 보안경, 안면 보호대, 실드 마스크:

환자 처치 시 체액, 혈액, 분비물, 배설물이 튈 때 착용한다. 특히, HIV 등 혈액매개질환이 의심되는 경우 혈액이나 분비물이 튈 가능성이 있을 때 안면보호대나 실드 마스크를 착용한다.
ⓒ 피부나 옷 등이 환자 혈액, 체액, 분비물 등으로 오염될 가능성이 있을 때 착용한다. 가운이 오염될 경우에는 바로 벗고 손을 씻도록 한다.
ⓔ 환자 처치 기구의 경우 혈액이나 분비물, 체액, 배설물로 오염된 것은 피부나 점막이 오염되지 않도록 씻는다. 재사용 물품은 반드시 씻은 후 적절한 방법으로 멸균이나 소독을 한다. 일회용 물품은 분리수거하여 버린다.
ⓜ 환경관리의 측면에서 병실 바닥, 침상, 탁자 등 환자 주위 환경을 깨끗이 청소하고 필요시 소독을 한다.

(2) **공기전파주의**
① 개념 및 의의
㉠ 감염을 유발하는 작은 입자(5m 이하)가 공기 중에 남아 있다가 취약한 숙주에게 흡입되어 감염시키는 것을 방지하기 위한 주의법이다.
㉡ 홍역(Measles), 수두[Varicella(including disseminated zoster)], 폐결핵(Tuberculosis) 등의 질환이 있는 경우 적용한다.
② 준수사항
㉠ 모든 대상자는 격리실을 이용하고 격리표시를 한다. 격리실 내부는 음압을 유지한다.
㉡ 환자 침상카드와 차트에 호흡기 주의표지를 부착하며 Caution 등록을 시행한다.
㉢ 격리실은 최소 1시간당 12회 이상 공기순환이 되어야 하며, 출입문은 반드시 닫아둔다.
㉣ 격리실 사용이 불가능할 경우 코호트 격리를 실시하며, 동일한 균이 검출되는 환자끼리 둔다.
㉤ 감염질환에 감수성이 있는 직원이나 방문객은 병실출입을 금한다.
㉥ 의료진을 포함한 모든 사람은 격리실에 출입할 때 항상 특수 마스크(N95)를 착용한다.
㉦ 기관흡입이 필요하면 폐쇄형 기관 흡인 카테터를 사용한다.
㉧ 환자 이동은 최소화하며 이동이 불가피할 경우 환자의 호기가스가 마스크 등을 이용하여 주변 환경을 오염시키지 않도록 한다.
㉨ 환자가 사용한 물건이나 접촉한 것은 매일 깨끗이 청소하며 청진기, 혈압계, 이동변기, 직장 체온계와 같은 기구는 다른 환자와 같이 사용하지 않는다.
㉩ 인공호흡기를 사용하는 경우 인공호흡기 호기부 말단에 필터를 연결하며 적어도 24시간마다 교환하도록 한다.

(3) **비말전파주의**
① 개념 및 의의
㉠ 감염을 유발하는 큰 입자(5㎛ 이상)가 기침이나 재채기, 흡인(suction) 시 다른 사람의 코나 점막 또는 결막에 튀어서 단거리(약 1m 이내)에 있는 사람에게 감염을 유발하는 것을 방지하기 위한 주의법이다.
㉡ 비말에 의해 전파되는 세균성, 바이러스성 호흡기계 감염(diphtheria, Pertussis, Adenovirus, Influenza, Rubella, mumps, scarlet fever) 등의 질환이 있는 경우 적용한다.
② 준수사항
㉠ 직접 혹은 간접접촉에 의한 감염을 방지하기 위한 주의법으로 1인실 사용이 좋으나, 불가피할 경우 코호트 격리를 실시한다.

ⓒ 1인실 또는 코호트 격리가 어려울 경우 다른 환자와 1m 정도 멀리 둔다.
　　ⓒ 환자 침상카드와 환자차트에 호흡기 주의표지를 부착하고 Caution 등록을 시행한다.
　　ⓒ 환자가 사용한 물건이나 접촉한 것은 매일 깨끗이 청소하고 청진기, 혈압계, 이동변기, 직장 체온계와 같은 기구는 다른 환자와 같이 사용하지 않는다.

(4) 격리종류-격리방법

구분	표준주의	공기주의	비말주의	접촉주의
표준격리		●	●	●
1인실	○	●	○	○
손 씻기	●	●	●	●
장갑	○	○	○	●
마스크	○	●	●	○
가운	○	○	○	●
눈 및 안구보호대	○	○	○	○
린넨 및 폐기물 분리수거	마스크	○	●	●
대상 환자 및 주의사항	가운	공기전파 질환자(홍역, 결핵 등), 음압설비, 환기, 필터, 호흡기보호장비(헤파 필터 마스크) 필요	비말전파 질환자(인플루엔자, 풍진, 이하선염 등 세균·바이러스성 호흡기계 감염)	접촉전파 질환자, 다제내성균(VRE, MRSA, C. difficile), Rota virus 질환자

05 물품관리

(1) 정의
① 조직이 목적달성을 위해 업무를 수행하는 데 소요되는 물자의 효율적인 활용을 위한 제반관리이다.
② 간호단위에서의 물품관리는 환자의 치료를 돕고 병동 기능을 원활히 하기 위한 필수적인 원칙이며, 합리적인 관리수단이자 경제적인 관리기술이다.

(2) 중요성 및 의의
① 적절한 물품관리는 자원절약과 효율적 운영을 통해 위험한 상황을 예방하고 환자에게 양질의 간호를 제공할 수 있다.
② 간호단위관리자는 일정하게 정해진 시간에 비품과 공급품의 상태를 점검하고 그 외 물품을 확보하여 간호업무의 효율성을 높이도록 해야 한다.
③ 물품관리는 많은 예산을 필요로 하므로 경제적으로 양적인 측면과 간호의 질적인 측면을 동시에 고려해야 한다.

06 | 약품관리

(1) **약품관리**
① 투약과 관계된 모든 약품의 구입, 분배, 통제, 투약에 대한 관리이다.
② 간호사는 환자에게 직접 투약하는 행위자로서 약품관리의 최일선에 있다.

(2) **약품처방체계**
① 정규처방
  ㉠ 의사가 다음날 치료계획을 입력함으로써 발생되며, 그 처방을 취소하거나 변경하기 전까지 지속되는 처방이다.
  ㉡ 조제된 약물이 입력 다음날 동시에 공급된다.
② 응급/추가처방
  ㉠ 환자의 상태변화에 따라 응급이나 추가로 투약하기 위한 처방이다.
  ㉡ 처방 직후 수시로 조제되어 공급된다.
③ prn 처방
  ㉠ 환자의 상태변화에 따라 수행이 예측되는 처방으로, 실시조건에 따라 간호사가 실시할 수 있는 처방이다.
  ㉡ 간호단위에 비치된 비품약을 먼저 사용하고 약품을 수령하여 채워 놓는다.
④ 퇴원처방
  ㉠ 입원환자 퇴원 시 발행되는 처방으로, 투약일수는 의료보험 기준과 외래 처방에 준하여 제공된다.
  ㉡ 오전에 정해진 시간에 처방이 접수되면 퇴원 당일 오전 중에 각각의 간호단위로 퇴원약이 도착하며, 마감시간 이후에는 추가퇴원으로 접수되어 늦게 도착한다.
⑤ 휴일처방
  ㉠ 일요일이나 공휴일에 발행되는 처방이다.
  ㉡ 모든 입원환자는 병동별로 정해진 요일에 일요일이나 공휴일 투약분까지 처방되는 것이 원칙이지만 환자의 상황변화, 처방 누락, 새로운 입원환자 등에 대해서는 휴일처방이 가능하다.

(3) **투약관리지침**
① 약품준비 및 투약 전 반드시 손을 씻고 무균술을 지킨다.
② 약물투여 시 5right(정확한 양·환자·용량·경로·시간)를 정확히 지킨다.
③ 의사의 처방을 완전하게 받고 정확하게 이해한 후 투약을 준비(약어, 도량형 단위)한다.
④ 약은 투약을 준비한 간호사가 즉시 투약하고 환자가 먹는 것을 확인한다.
⑤ 설하, 질 내, 직장 내, 레빈 튜브(L-tube) 등으로 투여되는 약은 보호자나 환자에게 맡기지 말고 간호사가 직접 투여한다.
⑥ 물약, 침전이 생기는 약은 반드시 흔들어서 투약한다.
⑦ 약의 작용, 투여방법, 기대효과를 환자에게 설명한다.
⑧ 항생제 주사 시 시작 전 반드시 피부 반응검사(skin test)를 시행하고, 이상반응 시 담당의사와 수간호사에게 보고한 후 환자기록지에 기록한다.
⑨ 주사 부위나 주사방법을 철저히 지키고 마비 부위는 주사를 금한다.

(4) 일반의약품 관리방법
① 적정수량관리와 약품보관방법에 유의한다.
② 적정수량관리: 사용이 중단된 주사약은 즉시 반납하고 병동에 남겨두지 않는다. 제제약은 유효기간을 고려하여 최소량을 보유한다.
③ 약품보관방법
   ㉠ 경구약, 주사약은 환자개인별로 보관하여 투약사고를 예방하고, 비품약은 종류에 따라 지정된 장소에 보관한다.
   ㉡ 약품보관 냉장고의 적정온도(2-8℃)가 유지되는지 1일 1회 점검하고 기록한다.
   ㉢ 기타 유효기간의 관리: 유효기간이 지난 약은 즉시 교환하도록 한다.
   ㉣ 약품 수령 및 반납: 약품의 수령은 의사가 전산에 처방입력을 하면 약국에서 정규약, 추가약, 응급약, 퇴원약, 항암제, 마약 등으로 구분하여 각 간호단위로 공급한다.

(5) 마약과 향정신성약물 관리
① 마약 관리
   ㉠ 의료기관의 마약류 관리자는 약사이며, 마약류 취급 의료업자는 의사, 치과의사, 한의사 또는 수의사이다.
   ㉡ 간호관리자는 단위마약류 관리책임자로서, 매일 1회 마약 관리 상태를 점검하고 기록하여 관리한다.
② 마약 처방
   ㉠ 의사 처방을 확인한 후 마약처방전의 환자명, 병명, 주소, 약명을 확인하고 의사의 서명을 받는다.
   ㉡ 정규처방인 경우: 병실에서 입력된 처방내용이 약국으로 전달되어 약국에서 직접 마약을 전달하며, 병동에서는 마약처방전을 준비하고 있다가 전달되는 마약과 교환하면서 확인 서명을 한다.
   ㉢ 정규처방 외 마약처방의 경우: 마약처방전을 병동보조원이 약국으로 직접 가지고 가서 수령한 후에 확인 서명을 하고 가져온다. 간호사는 마약 수령 시 반드시 마약대장에 별도로 기록하고 마약장에 보관한다.
③ 마약 투여
   ㉠ 마약취급 시 세심한 주의를 하여 부주의에 의해 파손되지 않도록 한다.
   ㉡ 준비한 약을 투약원칙에 따라 안전하게 투약한 후 반드시 마약대장, 의사 처방, 간호기록에 기록한다. 투약 후 남은 마약은 주사기에 재거나 앰플(ampule) 입구를 반창고(plaster)로 막아서 비닐에 넣어 약국에 반납하거나 별도의 잠금장치가 있는 마약장에 보관한다.
④ 마약 보관 및 관리
   ㉠ 마약과 향정신성약물은 반드시 마약대장과 함께 이중 잠금 장치가 된 철제마약장에 보관해야 하며 마약장은 항상 잠겨 있어야 한다. 냉장보관을 요하는 향정신성 의약품(lorazepam)인 경우 냉장고 내에 잠금장치가 부착된 보관함에 보관한다.
   ㉡ 마약장은 항상 이중으로 잠그고 열쇠는 간호관리자나 선임간호사가 관리하며, 마약 외에 다른 것은 보관하지 않는다.
   ㉢ 마약장의 열쇠는 각 근무조의 담당간호사 간에 직접 인수인계하고, 일일 재고관리를 한다.

② 마약류 수령은 인편으로 사용 직전에 하며, 비품약을 사용한 경우 가능한 한 해당 근무 내에 채워 놓는다. 마약대장은 지정된 장소에 보관하여 인수인계 시, 마약 사용 시, 마약 수령 및 반납 후에 기록하고 서명한다. 사용하지 않는 마약은 반납처방을 써서 곧 반납 처리한다. 사용하고 남은 마약은 주사기에 뽑아서 반납하거나 남은 앰플이나 바이알, 경구약은 그대로를 반납 처리한다.
③ 마약파손 시 현장사진을 찍고 깨진 조각까지 보존해야 하며, 파손된 마약은 수거한 후 '사고마약류 발생보고서'를 작성하여 관리자의 서명 후 약국으로 보낸다. 보고 시 파손 경위, 파손자, 파손 후 상태를 정확히 보고하여야 한다.
④ 마약류 관련 기록(마약대장, 마약류 저장 시설 점검부, 마약류 잔량 반납 리스트)은 2년간 보관한다(다만 마약구입서, 마약판매서 등은 마약류 취급보고제도가 시행되면서 보존기간이 삭제).

⑤ 마약 반납
  ㉠ 마약류의 반납은 수령 후 24시간 이내에 반납한다. 잔량반납은 정확한 양을 일 1회 반납한다.
  ㉡ 마약류 반납 처방전을 작성하거나 전산 출력을 하여 남아있는 마약과 대조 후 병동약국에 반납한다. 반납 대장에 병동 직원과 약국 직원 간의 상호 서명 후 반납한다. 반납 시 마약대장에는 반납 또는 잔량 반납이라고 기재한다.

⑥ 「마약류 관리에 관한 법률」(마약류관리법)에서 정하는 사항 및 사고마약류 발생방지를 위한 준수사항
  ㉠ 마약류는 다른 의약품과 구별하여 별도 보관
  ㉡ 마약은 이중 잠금장치(2개의 잠금장치를 의미)가 된 철제금고에 보관
  ㉢ 향정신성의약품은 잠금장치가 설치된 장소에 보관
  ㉣ 잔여, 반품, 파손, 유효기간 경과 마약 등 폐기마약도 위와 동일한 장소에 보관
  ㉤ 마약류 저장시설이 있는 장소에 무인경비장치 또는 CCTV 등 설치
  ㉥ 마약류 저장시설을 외부에 쉽게 노출되지 아니하고 이동이나 잠금장치의 파손이 어렵도록 조치
  ㉦ 냉장·냉동보관이 필요한 마약류도 잠금장치가 설치된 장소에 보관
  ㉧ 조제목적으로 업무시간 중 조제대에 비치하는 향정신성의약품의 경우 반드시 업무 이외의 시간에 지정된 보관소에 보관
  ㉨ 파손 사고마약류 근절을 위하여 병원 내 마약류 운반 시 탄력 있는 받침대 사용
  ㉩ 마약류 관련 기록(마약대장, 마약류 저장시설 점검부, 마약류 잔량 반납 리스트)은 2년간 보관
  ㉪ 마약처방전에 기재하여야 할 사항
    - 발부자의 업소 소재지, 상호, 면허번호, 서명·날인, 교부일자
    - 환자의 주소, 성명, 성별, 연령, 병명

⑦ 사고마약류 보고
  ㉠ 사고마약류 보고대상은 재해로 인한 상실, 분실 또는 도난, 변질·부패 또는 파손이며, 이러한 사실 발생 시 마약류취급자 또는 마약류취급승인자는 해당 허가관청(마약류취급의료업자의 경우에는 해당 의료기관의 개설허가나 신고관청을 말하며, 마약류소매업자의 경우에는 약국 개설 등록관청을 말한다)에 지체없이 그 사유를 보고하여야 한다.
  ㉡ 주사제 파손 시 파손상태 그대로 깨어진 조각까지 보존하며, 「사고마약류 발생 보고서」를 작성하여 약과 함께 약제부로 보낸다. 보고 시 파손경위, 파손자, 파손 후 상태를 정확히 보고하여야 한다.

⑧ 마약류 중독자의 치료보호(마약류관리에 관한 법률 제40조)
  ㉠ 보건복지부장관 또는 시·도지사는 마약류 사용자의 마약류 중독 여부를 판별하거나 마약류 중독자로 판명된 사람을 치료보호하기 위해 치료보호기관을 설치·운용하거나 지정할 수 있다.

ⓒ 보건복지부장관 또는 시·도지사는 마약류 사용자에 대하여 ㉠에 따른 치료보호기관에서 마약류 중독 여부의 판별검사를 받게 하거나 마약류 중독자로 판명된 사람에 대하여 치료보호를 받게 할 수 있다. 이 경우 판별검사기간은 1개월 이내로 하고, 치료보호 기간은 12개월 이내로 한다.
ⓒ 보건복지부장관 또는 시·도지사는 ⓒ에 따른 판별검사 또는 치료보호를 하려면 치료보호심사위원회의 심의를 거쳐야 한다.
ⓔ ⓒ에 따른 판별검사 및 치료보호에 관한 사항을 심의하기 위해 보건복지부, 특별시, 광역시, 특별자치시, 도 및 특별자치도에 치료보호심사위원회를 둔다.

(6) 응급처치 약품 관리
① 응급환자 발생 시 지체 없이 적절히 사용할 수 있도록 관리한다.
② 응급약 보관은 응급카트 맨 위의 약품 칸이나 응급키트 안에 둔다.
③ 교대 시마다 약품명과 수량을 점검·확인한 후 관리노트에 서명한다.
④ 응급상황에서 약품 사용 시 수량 확인 후 다시 채워 놓는다.
⑤ 약국에서 정기적으로 교체하고 유효기간을 확인한다.
⑥ 간호단위마다 사용되는 응급약품의 종류와 기본수량을 표준화하여 관리한다.

07 환자관리

(1) 개념 및 의의
① 질적으로 우수한 전인적 간호를 실시하기 위하여 각각의 환자를 위한 개별적인 병상간호가 계획대로 실시되도록 보살피는 것을 말한다.
② 환자의 요구에 의한 간호계획을 작성하여 실시하고, 모든 과정이 목적에 따라 실시되는지를 평가하는 일체의 활동을 의미한다.

(2) 입원환자관리
① 환자가 기대하는 권리
  ㉠ 최적의 건강상태를 위해 자신에게 필요한 간호를 받을 것이라고 기대한다.
  ㉡ 간호사들이 환자 업무수행에 필요한 자격을 교육·경험하였으며 인격 면에서 완전히 갖추고 있으리라고 기대한다.
  ㉢ 간호사가 자신의 감정과 요구에 민감하리라고 기대한다.
  ㉣ 주치의가 결정한 범위 내에서 환자와 가족들이 환자 질환에 대해 교육을 받을 것이라고 기대한다.
  ㉤ 계속적인 간호와 처치를 위해 나를 위한 계획이 만들어질 것이라고 기대한다.
  ㉥ 간호사가 적절한 기록과 보고를 통해 나를 도와줄 것이며, 나와 관련된 모든 개인적인 문제들을 처리할 것을 기대한다.
  ㉦ 나의 건강을 회복·유지하고, 내가 환경에 적응할 수 있도록 도와주리라고 기대한다.

② 환자의 책임
　　㉠ 현재 증상, 과거 병력, 약물 치료 및 기타 의료기록 등 진료에 관련된 사안을 직접 또는 법적 대리인을 통해 의료진에게 제공할 책임
　　㉡ 본인의 치료와 관련하여 모르는 점이 있을 때 확인할 책임
　　㉢ 의료진이 권장한 치료계획에 참여하고, 치료에 협력할 책임
　　㉣ 치료계획에 불응했을 때 발생한 결과에 대한 책임
　　㉤ 다른 환자 및 의료진을 존중하며, 병원의 자산을 중요시할 책임

(3) 전출 시의 간호관리
① 질병의 종류와 상태에 따라 환자 치료와 회복이 보다 신속하게 이루어지도록 환자를 다른 부서로 옮기는 절차이다.
② 의사의 지시에 의해 환자에게 충분한 설명이 주어진 뒤 해당 부서에 연락을 취하고, 환자가 복용하던 약물, 사용하던 물품, 환자 소지품, X-ray film, chart 등을 챙겨 환자와 함께 보낸다.
③ 환자 식사와 관련하여 영양과에 연락해 전동된 병동을 알려주고, 병동 식표에서 이름을 지운다.
④ 특수검사가 예약 접수된 경우 해당 부서에 알려둔다.
⑤ 전과·전동된 환자를 받는 간호사는 환자가 처음 입원할 때와 같은 심정이라는 것을 이해하고 필요한 안내를 제공한다.

(4) 퇴원 시의 간호관리
① 퇴원계획의 장점
　　㉠ 환자 가족의 필요를 채울 수 있도록 지역사회의 여러 자원을 활용할 수 있도록 해준다. 질병의 재발을 감소시키고, 병원에 재입원하는 것을 줄일 수 있으며, 필요 없이 응급실에 오게 되는 경우를 감소시킨다.
　　㉡ 건강관리 인력자원과 서비스 등을 적절하게 이용하도록 하여 서비스가 중복되는 것을 줄인다.
　　㉢ 추후 간호관리의 필요성이나 치료비용을 감소시킨다.
② 불안이나 공포심을 완화시켜 확신과 희망을 가지고 퇴원하도록 돕고, 환자와 보호자의 퇴원교육을 통해 가정에서 치료가 지속되도록 하며, 지역사회에 재적응할 수 있도록 돕는다.
③ 퇴원 후 계속 약을 복용해야 할 경우 복용 목적과 효과, 정확한 용량, 복용기간, 복용방법, 보관방법, 장기복용 시에 나타날 수 있는 부작용이나 특이한 증상 등에 대해 알려준다.
④ 환자들에게 자가간호에 필요한 지식과 기술을 가르치고 환자와 유사한 건강문제를 가진 모임을 소개해 준다.
⑤ 퇴원 후 지속적인 치료가 필요한 경우 외래 진료소 방문절차 등을 알려주고, 그 지역사회에서 이용할 수 있는 보건·의료기관이 있으면 소개해 준다.

08 기록 및 보고 관리

(1) 간호기록의 원칙/책임
① 정확성: 기록의 표기가 올바르고 정확해야 한다. 사실 또는 관찰한 것만 기록하고, 주관적인 의견이나 관찰에 대한 해석 등을 기록해서는 안 된다.
② 적합성: 대상자의 건강문제와 간호에 관계되는 정보만을 기록하고, 다른 사람의 개인적 정보나 다른 환자의 실명 등을 기록해서는 안 된다.
③ 완전성: 기록된 정보만큼은 완전하고 다른 건강요원에게 도움을 줄 수 있어야 한다.
④ 간결성: 의사소통 시간을 절약하기 위해 간결해야 한다.
⑤ 적시성: 기록은 사전에 해서는 안 되며 간호행위가 일어난 직후에 해야 한다.

(2) 간호사의 기록시 책임 및 유의사항
① 환자의 기록이 분실되거나 파손되지 않도록 보호한다.
② 기록의 내용을 보호하여 환자의 비밀을 유지해 주어야 한다.
③ 병원 당국이나 간호부 차원에서 기록유지 및 개발·개선에 대해 제안을 한다.

(3) 기록유형
① 간호기록체계
   ㉠ 정보 중심 기록체계: 건강요원들이 대상자에 대한 자료를 자신들의 영역별로 각각 분리하여 기록하는 것이다. 분야별로 환자의 경과를 검토하기가 용이하나, 환자의 경과와 현재 상태 및 추후 관리에 대한 전체적인 안목을 갖기 어렵고 의사소통이 원활하지 않다.
   ㉡ 문제중심 기록체계: 미리 확인된 문제에 따라 기록하는 것으로, 동일한 과는 같은 부서의 서류로 기록된다. 각 체계에서 기록은 특정 문제에 집중하며, 특정 문제뿐 아니라 전체적인 환자의 경과를 알 수 있게 한다.
   ㉢ 기본요소로 기초자료(기초자료: 초점을 둔 영역, 적절한 치료계획의 결정, 목표와 결과가 관계된 입원 시 초기의 모든 자료), 문제목록(특정 초점을 확인하여 확인된 문제), 치료계획(진단, 치료적 측정, 치료의 경과를 감시할 수 있는 지표, 환자교육에 대한 계획), 경과기록(서술적 경과기록, 상례기록, 퇴원기록 등)이 포함된다.
② 기록 형식
   ㉠ 서술 기록: 시간의 경과에 따라 정보를 서술하는 방법으로 정보 중심 기록과 관련이 있다.
   ㉡ SOAP 기록: 주관적 자료(Subjective data), 객관적 자료(Objective data), 사정(Assessment), 계획(Planning)을 의미하며, 문제 중심 기록에서 비롯된 것이다.
   ㉢ SOAPIE, SOAPIER
      - SOAPIE: SOAP - 수행(Implementation), 평가(Evaluation)
      - SOAPIER: SOAP - 수행(Implementation), 평가(Evaluation), 개정(Revision)
   ㉣ PIE 기록: 간호사의 문제(Problem), 중재(Intervention), 평가(Evaluation)를 의미하고, 대상자 간호사정의 상례기록과 경과기록으로 구성된다.
   ㉤ Focus 기록: 환자 중심의 기록으로, 환자의 현재 상태와 앞으로의 목표, 중재 결과에 초점을 둔다. 자료(Data), 활동(Action), 반응(Response)으로 구성된다.

(4) 간호기록의 작성
  ① 간호기록의 양식
    ㉠ 간호부 기록: 현 직원과 사직한 직원과 관련된 인사기록, 출근부, 근무성적 평가기록 등
    ㉡ 간호단위 기록: 환자기록, 업무분담기록, 근무시간표, 환자일보, 마약기록부, 비품대장, 실무교육에 대한 기록, 학생실습 평가기록 등
  ② 간호기록의 작성지침
    ㉠ 의학용어를 제외하고는 한글을 사용하는 것이 원칙이며, 약어는 표준어와 기호를 사용한다.
    ㉡ 잘못 기록하여 수정해야 할 때에는 그 위에 붉은색 펜으로 두 줄의 사선을 긋고 아랫줄에 '기록상 실수' 또는 'error in charting'이라고 다시 쓰며, 이때 수정한 부분을 지우거나 수정액을 사용하지 않는다.
    ㉢ 표기 중 여백이 생기는 경우 선을 긋고 끝에 서명한다.
    ㉣ 모든 기록은 잘 변하지 않는 검은색 잉크를 사용한다.
    ㉤ 모든 간호기록지에는 간호사의 서명이 있어야 한다.
    ㉥ 기록 시에는 존칭을 사용하지 않으며, 기록자의 이름을 정자로 기록한다.
    ㉦ 사실 또는 관찰내용을 근거로 정확하게 기록하며, 자신의 의견이나 관찰내용을 해석해서 기록하지 않는다.
    ㉧ 대상자의 건강문제와 간호와 관련된 정보만을 기록한다.
    ㉨ 기록된 정보는 환자, 의사, 동료 간호사, 다른 의료진에게 도움을 줄 수 있도록 완전해야 한다.
    ㉩ 활동의 순서대로 기록하고, 행위 직후에 이루어져야 하며, 과거와 현재시제로 쓴다.
    ㉪ 완전하고 간결하게 기록하며, 환자의 말이나 문장은 각각 인용부호를 이용하여 기록한다.
    ㉫ 공동약어·기호·용어를 사용하고, 약어 사용에 의심이 가는 경우 용어 전체를 기록한다.
    ㉬ 기록빈도는 환자의 질병 정도, 간호나 치료횟수에 따라 결정된다(환자의 초기사정 직후, 입원 시, 수술 후, 처치 후, 각 근무조마다 정해진 순회활동 후, 투약시행 후, 간호사가 간호단위를 떠나기 전, 환자의 현 상태를 기록할 필요가 있는 경우).
    ㉭ 치료에 따라 환자의 동의서가 필요하거나 임의 퇴원하는 경우 환자가 서명한 동의서를 확인하여 기록지에 첨부한다.
    ㉮ 간호기록은 환자치료에 참여하는 간호사들로 제한되며, 교육과 연구를 목적으로 학생에게 기록 열람을 허용한다.
    ㉯ '환자'라는 용어는 사용하지 않는다. 환자의 건강상태를 기록하는 경우에는 구체적이고 정확하게 표현하도록 하며, 업무 수행 후 곧바로 기록한다.
  ③ 의료정보의 보안관리
    ㉠ 환자의 의료정보는 보안관리가 필요하다.
    ㉡ 의료정보는 개인의 사생활과 관련된 민감한 정보로 분류되어 비밀에 속하므로 보건의료기관과 의료인은 진료정보를 보호해야 하며, 비밀유지 의무가 법률상 부과된다. 또한 국민의 비밀유지 청구권은 법률상 보호 대상권리이다.
    ㉢ 정보 보호원칙
      - 의료정보는 건강증진의 목적으로만 공개될 수 있다.
      - 의료정보는 환자의 동의 없이 공개되어서는 안 된다.
      - 자료를 획득한 자는 반드시 비밀을 지켜야 할 의무를 가진다.

- 개인(환자)은 자신의 정보에 접근할 권리를 가진다.
- 자신의 정보에 대한 정보를 열람한 후 변경을 요구할 수 있다.
- 정보이용과 관련된 사항들에 대하여 고지받을 권리를 가진다.
- 의료정보를 부당하게 취급하는 자는 법적 책임을 진다.
- 의료정보에 대한 개인의 비밀은 국가건강, 의학연구, 의료보험 등의 필요성에 의해 침해되어서는 안 된다.

(5) **간호보고**
  ① 개념과 의의
    ㉠ 개념: 다른 이에게 정보를 주기 위한 목적으로 의사소통하는 것을 말하며, 본 것과 행한 것에 대한 정보를 주는 것이다. 구두, 서면 또는 컴퓨터 등으로 의사소통하는 것을 말한다.
    ㉡ 의의: 정확한 보고는 정확한 사건 경위를 밝힘으로써 환자와 의료인 모두를 보호하는 것으로 사실에 대한 정보 제공, 문제에 대한 결론이나 의견·추천 등을 포함한다.
  ② 간호보고 시 유의사항
    ㉠ 간호실무 현장에서 사용되는 보고: 보고할 내용이 간단하더라도 중요한 경우라고 판단되거나 기록으로 남기면 도움이 된다고 판단되는 문제는 서면으로 보고하며, 보고서 작성 시 내용을 명확하고 단순하게 하여 이해가 쉽도록 기록한다.
    ㉡ 육하원칙에 따라 무엇을 누구에게 보고하는가를 확실히 결정한다.
    ㉢ 구두보고를 할 것인지, 서면보고를 할 것인지 고려하여 효과적인 방법을 택한다. 중요한 사항에 대한 보고는 명확한 취지와 내용을 포함하는 간결한 형식을 갖춘 서면보고가 좋다.
    ㉣ 필요에 따라 실물, 도표, 인쇄물을 준비하고, 보고의 줄거리와 요점을 정리한다.
    ㉤ 관련자에게 사전에 연락하고, 보고할 장소를 선정한다.
    ㉥ 서면보고는 법적 증거로도 활용될 수 있음을 인식한다.
    ㉦ 보고서는 객관적으로 정확하게 작성한다.
    ㉧ 간호사는 아무리 작은 사고라도 모두 보고해야 할 책임이 있음을 인식한다.

기출문제 확인하기

제9장 간호관리의 실제

001 간호단위 관리자가 문제해결을 위해 다음 활동에 이어서 우선적으로 수행해야 할 것은? [2022, 지방직]

> 최근 병동 내 물품 관리가 원활하지 않음을 발견하고, 문제에 대한 정보, 경험, 의문점 등을 수집하였다.

① 문제를 인식한다.
② 문제 해결책이 제대로 수행되었는지 평가한다.
③ 수집된 자료를 분석하여 실제 상황에서 가용성이 높은 해결책을 선택한다.
④ 실제 해결책을 수행하고 활동에 영향을 미치는 긍정적, 부정적 요인을 확인한다.

002 다음에서 설명하는 격리 방법이 모두 요구되는 질병은? [2021, 지방직]

> - 의료인은 환자 병실에 들어갈 때 수술용 마스크를 착용한다.
> - 코호트 격리를 한 경우에 병상 간 거리는 1m 이상 유지한다.
> - 환자가 병실 밖으로 이동하는 경우 나가기 전에 손위생을 수행한다.

① 수두
② 홍역
③ 백일해
④ B형 간염

003 고위험 약품 관리에 대한 설명으로 가장 옳은 것은? [2023, 서울시 변형]

① 고위험 약물은 경구, 주사 등 제형별로 따로 분리하지 않고 함께 보관한다.
② 고농도전해질 제제 보관장소에 '반드시 희석 후 사용'과 같은 라벨링을 한다.
③ 항암주사제, 고농도 전해질 약물은 냉장고에 보관한다.
④ 고위험 약물 처방시에는 환자명, 보호자명, 병명, 주소, 약명, 처방의사 서명이 포함된 고위험 약물 처방전이 반드시 필요하다.

004 최근 3개월 동안 환자의 낙상사고가 증가하고 있다. 환자 낙상사고를 예방하기 위해 수간호사가 가장 우선적으로 해야하는 것은?
[2017, 서울시]

① 직원에게 환자안전교육을 실시한다.
② 낙상의 원인과 상황분석을 확실히 한다.
③ 낙사예방을 위해 환자와 보호자에게 낙상예방교육을 실시한다.
④ 안전사고를 일으킨 간호사를 비난하고 질책한다.

005 간호기록의 원칙으로만 묶인 것은?
[2022, 지방직]

① 정확성, 완전성, 적시성
② 적합성, 추상성, 고유성
③ 완전성, 간결성, 주관성
④ 간결성, 투명성, 추상성

006 마약류 관리에 관한 법령상 마약에 대한 설명으로 옳지 않은 것은?
[2017, 지방직]

① 처방전 또는 전자서명이 기재된 전자문서를 포함한 진료기록부는 5년간 보존해야 한다.
② 마약 또는 임시마약 저장시설은 이중으로 잠금장치가 된 철제금고로 한다.
③ 마약류의 저장시설은 일반인이 쉽게 발견할 수 없는 장소에 설치하되 이동할 수 없도록 설치한다.
④ 마약을 기재한 처방전 발급 시 그 처방전에 발급자의 업소 소재지, 상호 또는 명칭 및 면허번호를 기입하여 서명 또는 날인하여야 한다.

007 병원감염에 대한 설명으로 옳은 것은?
[2015, 지방직 변형]

① 입원당시에 있었던 기존의 감염증이 악화되거나 합병증이 생긴 것을 말한다.
② 통상 입원 후 48시간 이후에 발생한 감염이다.
③ 면역손상이 높은 백혈병, 당뇨병 등의 환자에게서는 오히려 덜 발생한다.
④ 교차감염 예방을 위한 격리시설이 오히려 병원감염을 증가시킨다.

정답 001 ③ 002 ③ 003 ② 004 ② 005 ① 006 ① 007 ②

제10장 간호관련 법과 윤리

PRETEST OX퀴즈

1. 주의의무는 유해한 결과가 발생하지 않도록 의식을 집중할 의무를 말한다. [2015] O X

2. 의료행위 과정에서 환자에게 예상치 못하던 불상사가 발생한 경우를 총칭하는 용어는 의료과오이다. [2013] O X

3. 과오가 있었다는 것이 객관적으로 입증, 즉 법적 판단을 받게 되면 간호과실로 볼 수 있다. [2019] O X

4. A 간호사가 수술부위의 확인을 잘못하여 위암환자에게 유방절제술이 시행되어 환자에게 신체상의 손해가 발생하였다고 할 때 이 간호사에게 주어질 형사책임은 업무상 불법행위 책임이다. [2015] O X

5. 채무불이행이나 불법행위에 있어 환자에게 과실이 있을 때 법원이 손해배상의 책임 및 그 금액 산정에 있어 환자의 과실을 참작하는 것을 구상권이라고 한다. [2018] O X

정답 및 해설

1. O
2. X 의료사고에 대한 설명이다.
3. O
4. X 업무상 과실치상죄에 해당한다. 업무상 과실치사상죄의 구성요건은 과실, 업무자라는 신분관계, 행위와 결과사이의 직접적인 인과관계가 있어야 한다.
5. X 지문의 설명은 '과실상계'에 대한 설명이다. 구상권은 타인의 불법행위에 의하여 손해배상 의무를 부담하게 된 자가 후에 그 가해자 본인에게 변제를 청구하는 경우를 말한다.

01 간호와 법

(1) 간호사고와 간호과실
① 간호사고
    ㉠ 간호행위가 시작되어 끝날 때까지의 과정에서 예측하지 못한 불상사가 야기된 경우
    ㉡ 간호업무 수행시 부정적 결과가 발생되는 것
② 간호과오
    ㉠ 간호사가 간호행위를 수행함에 있어 평균 수준의 간호사에게 요구되는 업무상의 주의의무를 게을리하여 환자에게 인신 상의 손해를 발생하게 한 것
    ㉡ 간호과오가 있었다는 것이 객관적으로 입증되어 법적으로 판단되는 경우 간호과실로 인정됨
③ 간호과실
    ㉠ 간호사고 중에 과오가 있었다는 것이 객관적으로 입증되었거나 인정된 것이다.
    ㉡ 책임있는 간호행위를 이행하지 않은 결과로 상대방이 상해를 받게 되는 경우를 말한다.
    ㉢ 간호과실은 간호사고에 기인되나 모든 간호사고가 과실은 아니다.

(2) 간호사고와 관련된 주요 개념
① 실무표준: 민사사례에서 과실 또는 과오 여부를 결정하기 위한 법적 기준
② 부정행위: 고도화된 전문직업인의 주의의무 태만
③ 사용자 배상책임: 피공요인의 고용범위에서 발생한 과실에 대하여 고용주가 직접적인 책임을 지는 법의 원칙

(3) 간호사고에 대한 간호사의 책임
① 윤리적 책임: 간호사의 직업윤리(간호사윤리강령 등)에 기초한 책임이다.
② 법적 책임
    ㉠ 형사책임: 업무상 과실상해 또는 업무상 과실치사죄의 적용. 업무상 과실 상해 또는 과실치사죄의 경우 업무자라는 신분관계로 인해서 가중 처벌을 받게 된다.
    ㉡ 민사책임: 환자 측에 대한 손해배상의 책임이 있다.(민법 750조에 근거한 불법행위, 민법 390조에 근거한 책무 불이행에 관한 건)

(4) 전단적 의료
① 정의: 의료인이 위험성이 있는 의료행위를 시행하기 전에 환자로부터 동의를 얻지 않고 행위를 수행하는 것을 말한다.
② 전단적 의료는 불법행위이며 민형사상의 책임을 질 수 있다.

02 | 간호와 윤리

(1) 전문직 윤리강령과 간호윤리
  ① 윤리강령 제정의 배경
    ㉠ 1964년 핀란드 헬싱키에서 열린 세계의사회 총회에서 뉘른베르크 강령의 한계를 보완하고 재해석하여 발표함
    ㉡ 핀란드 헬싱키 선언(1964)의 목적: 인간을 대상으로 한 의학 연구의 남용을 규제, 피험자의 불이익을 구제하고 권리를 보호하고자 함.
    ㉢ 1974년 벨몬트 보고서: 인간 대상자 보호를 위한 윤리원칙(인간존중, 선행, 정의)과 지침(서면 동의, 위험과 이익의 평가, 피험자 선정) 제시, 전세계 전문 분야별 윤리강령의 근거가 됨
  ② 간호윤리
    ㉠ 법률과 도덕에 앞서 간호사가 마땅히 지켜야 할 도리를 실천하는 것
    ㉡ 자발적으로 봉사하는 마음에서 우러나오는 직업윤리
  ③ 간호윤리가 강조되는 이유는 간호사의 역할과 위상이 변화되었기 때문이다. 즉 무조건 의사나 의료기관의 견해를 따르던 과거와 달리 전문적인 지식과 합리적인 판단으로 환자에게 이익이 되는 결정을 하도록 요구되는 것이다.

(2) 개정된 한국 간호사 윤리강령
  ① 한국간호사 윤리선언

> 우리 간호사는 인간 생명을 존중하고 인권을 지킴으로써 국가와 인류 사회에 공헌하는 숭고한 사명을 부여받았다.
> 이에 우리는 국민의 건강 증진과 안녕 추구를 간호 전문직의 본분으로 삼고 이를 실천할 것을 다음과 같이 다짐한다.
> 우리는 어떤 상황에서도 간호 전문직으로서의 명예를 지키고 품위를 유지하며, 국민건강 지킴이의 역할에 최선을 다한다.
> 우리는 인간 생명에 영향을 줄 수 있는 첨단 의과학 기술을 포함한 생명 과학 기술을 적용하는 것에 대해 윤리적 판단을 견지하며, 부당하고 비윤리적인 의료 행위에는 참여하지 않는다.
> 우리는 간호의 질 향상을 위해 노력하고, 모든 보건 의료 종사자의 고유한 역할을 존중하며 국민 건강을 위해 상호 협력한다.
> 우리는 이 다짐을 성실히 지킴으로써 간호 전문직으로서의 사회적 소명을 완수하기 위해 최선을 다할 것을 엄숙히 선언한다.

  ② 한국간호사 윤리강령
    ㉠ 서문: 간호의 근본이념은 인간 생명을 존중하고 인권을 지키는 것이다. 간호사의 책무는 인간 생명의 시작부터 삶과 죽음의 전 과정에서 간호 대상자의 건강을 증진하고, 질병을 예방하며, 건강을 회복하고, 고통이 경감되도록 돌보는 것이다. 간호사는 간호 대상자의 자기결정권을 존중하고, 간호 대상자 스스로 건강을 증진하는 데 필요한 지식과 정보를 획득하여 최선의 결정을 할 수 있도록 돕는다. 이에 대한간호협회는 국민의 건강과 안녕에 이바지하는 전문직종사자로서 간호사의 위상과 긍지를 높이고, 윤리 의식의 제고와 사회적 책무를 다하기 위하여 이 윤리 강령을 제정한다.

ⓒ 윤리강령의 요약

구분	내용	설명
간호사와 간호대상자	평등한 간호제공	간호사는 간호 대상자의 국적, 인종, 종교, 사상, 연령, 성별, 정치적·사회적·경제적 지위, 성적 지향, 질병, 장애, 문화 등의 차이에 관계없이 평등하게 간호한다.
	개별적 요구 존중	간호사는 간호 대상자의 국적, 인종, 종교, 사상, 연령, 성별, 정치적·사회적·경제적 지위, 성적 지향, 질병, 장애, 문화 등의 차이에 관계없이 평등하게 간호한다.
	사생활 보호 및 비밀유지	간호사는 간호 대상자의 개인 건강 정보를 포함한 사생활을 보호하고, 비밀을 유지하며, 간호에 필요한 최소한의 정보 공유를 원칙으로 한다.
	알권리 및 자기결정권 존중	간호사는 간호의 전 과정에 간호 대상자를 참여시키며, 충분한 정보 제공과 설명으로 간호 대상자가 스스로 의사 결정을 하도록 돕는다.
	취약한 간호 대상자 보호	간호사는 취약한 환경에 처해 있는 간호 대상자를 보호하고 돌본다.
	건강 환경 구현	간호사는 건강을 위협하는 사회적 유해 환경, 재해, 생태계의 오염으로부터 간호 대상자를 보호하고, 건강한 환경을 보전·유지하는 데 적극적으로 참여한다.
	인간의 존엄성 보호	간호사는 첨단 의과학 기술을 포함한 생명 과학 기술의 적용을 받는 간호 대상자를 돌볼 때 인간 생명의 존엄과 가치를 인식하고 간호 대상자를 보호한다.
전문인으로서 간호사의 의무	간호 표준 준수	간호사는 모든 업무를 대한간호협회 간호 표준에 따라 수행하고 간호에 대한 자신의 판단과 행위에 책임을 진다.
	교육과 연구	간호사는 간호 수준의 향상과 근거 기반 실무를 위한 교육과 훈련에 참여하고, 간호 표준 개발 및 연구에 기여한다.
	정책참여	간호사는 간호 전문직의 발전과 국민 건강 증진을 위해 간호 정책 및 관련 제도의 개선 활동에 적극적으로 참여한다.
	정의와 신뢰의 증진	간호사는 의료자원의 분배와 간호 활동에 형평성과 공정성을 유지함으로써 사회의 공동선과 신뢰를 증진하는 데에 기여한다.
	안전을 위한 간호	간호사는 간호의 전 과정에서 간호 대상자의 안전을 우선시하며, 위험을 최소화하기 위한 조치를 취해야 한다.
	건강 및 품위 유지	간호사는 자신의 건강을 보호하고 전문인으로서의 긍지와 품위를 유지한다.
간호사와 협력자	관계 윤리 준수	간호사는 동료 의료인이나 간호 관련 종사자와 협력하는 경우 상대를 존중과 신의로서 대하며, 간호 대상자 및 사회에 대한 윤리적 책임을 다한다.
	간호 대상자 보호	간호사는 동료 의료인이나 간호 관련 종사자에 의해 간호 대상자의 건강과 안전이 위협받는 경우, 간호 대상자를 보호하기 위한 적절한 조치를 취한다.
	첨단 생명 과학 기술 협력과 경계	첨단 생명 과학 기술 협력과 경계

기출문제 확인하기

제10장 간호관련 법과 윤리

001 한국간호사 윤리강령 상 '전문가로서의 간호사 의무' 영역에 해당하는 항목은? [2021. 지방직 변형]

① 건강 환경 구현
② 인간의 존엄성 보호
③ 건강 및 품위 유지
④ 관계 윤리 준수

002 환자의 권리 중 자기결정권과 관련하여 간호사가 상대적으로 가지게 되는 법적 의무사항으로 가장 옳은 것은?

① 주의 의무
② 확인 의무
③ 결과예견의무
④ 설명 및 동의의무

003 간호사는 간호조무사에게 욕창 발생 위험이 있는 환자를 2시간 마다 체위 변경을 하도록 지시하였다. 간호조무사는 간호사의 지시를 잘못 듣고 4시간마다 체위변경을 시행하였고 이로 인해 1단계 욕창이 발생하였다. 간호사의 행위에 해당하는 것은? [2019, 지방직]

① 설명의무 태만
② 확인의무 태만
③ 동의의무 태만
④ 요양방법 지도의무 태만

004 전단적 의료(unauthorized medical care)가 발생하지 않도록 의료인이 준수해야할 의무는?

[2018, 지방직 변형]

① 확인의무
② 기록의무
③ 결과회피의무
④ 설명과 동의의무

005 「의료법」상 사람의 생명 또는 신체에 중대한 위해를 발생하게 할 우려가 있는 수술을 하는 경우 환자에게 설명하고 동의를 받아야 하는 사항만을 모두 고르면?

[2023, 지방직]

> ㄱ. 환자에게 발생하거나 발생 가능한 증상의 진단명
> ㄴ. 수술의 필요성, 방법 및 내용
> ㄷ. 수술에 따라 전형적으로 발생이 예상되는 후유증 또는 부작용
> ㄹ. 수술 전후 환자가 준수하여야 할 사항

① ㄱ, ㄹ
② ㄱ, ㄴ, ㄷ
③ ㄴ, ㄷ, ㄹ
④ ㄱ, ㄴ, ㄷ, ㄹ

006 <보기>에서 간호사의 법적 의무와 책임에 대한 설명 중 옳은 것을 모두 고른 것은?

[2023, 서울시]

보기

> ㉠ 간호사는 환자에게 유해한 결과가 발생하지 않도록 예견하고, 예견 가능한 위험을 회피할 수 있는 수단을 강구하여야 할 의무가 있다.
> ㉡ 간호사가 간호기록을 거짓으로 작성하거나 고의로 사실과 다르게 수정한 경우는 간호사 면허취소 사유에 해당한다.
> ㉢ 간호사는 면허를 발급받은 해을 기준으로 3년마다 그 실태와 취업상황 등을 신고해야 하며, 신고하지 않는 경우 면허의 효력을 신고할 때까지 정지당할 수 있다.
> ㉣ 간호학생의 임상실습 수련을 목적으로, 예정된 분만과정에 참관하는 경우에는 설명과 동의의 의무가 면제된다.

① ㉠, ㉢
② ㉡, ㉣
③ ㉠, ㉡, ㉢
④ ㉠, ㉢, ㉣

007 의료법 시행규칙 상 환자의 권리가 아닌 것은?

[2017. 지방직 변형]

① 비밀을 보호받을 권리
② 진료를 받을 권리
③ 알 권리 및 자기결정권
④ 존엄의 권리

김태윤 교수 (지역사회간호 / 간호관리)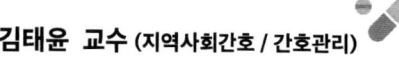

공단기 간호보건직 대표강사
서울대학교 간호대학 졸업
서울대학교 보건대학원 석사, 박사수료
이화여대, 한양대, 서울여대, 경희대 등 다수 대학강의
현 박문각임용 전공보건 대표강사
전 구평회고시학원
전 희소고시학원
전 아모르이그잼 / 해커스임용학원 전공보건 대표강사

2024 김태윤 필다나 간호관리 압축노트

초판인쇄 2023년 11월 22일
초판발행 2023년 11월 24일
편 저 자 김태윤
발 행 처 도서출판 마체베트
주   소 경기 광주시 창뜰아랫길 32-49
T E L 031-716-1207
F A X 0504-209-1207
I S B N 979-11-92448-31-2 (93510)

정가 14,500원

저자와의 협의 하에 인지는 생략합니다.
이 책의 무단전재 또는 복제행위는 저작권법 제136조에 의거 5년 이하의 징역 또는 5,000만원 이하의 벌금에 처하게 됩니다.